Love Poems
A Selection

ESSENTIAL POETS SERIES 79

Guernica Editions acknowledge the financial support of the Government of Canada through the Book Publishing Industry Development Program (BPIDP)

The publisher was assisted by the Minister of Foreign Affairs through the Istituto Italiano di Cultura in Toronto.

SALVATORE DI GIACOMO

LOVE POEMS
A SELECTION

Translated by Frank J. Palescandolo

GUERNICA
TORONTO·BUFFALO·LANCASTER (U.K.)
1999

To My Daughters Virginia, Donna and Irene — F.P.

Translation © 1999, Frank Palescandolo and Guernica Editions Inc.
All rights reserved. The use of any part of this publication, reproduced,
transmitted in any form or by any means, electronic, mechanical,
photocopying, recording or otherwise stored in a retrieval system,
without the prior written consent of the publisher is an infringement of
the copyright law.

Typeset in Times by Selina, Toronto.
Printed in Canada.

Anonio D'Alfonso, Editor.
Guernica Editions Inc.
P.O. Box 117, Station P, Toronto (ON), Canada M5S 2S6
2250 Military Road, Tonawanda, New York, U.S.A. 14150-6000
Gazelle, Falcon House, Queen Square, Lancaster LA1 1RN U.K.

Legal Deposit — Second Quarter
National Library of Canada
Library of Congress Catalog Card Number: 99-71702
Canadian Cataloguing in Publication Data
Di Giacomo, Salvatore, 1860-1934
Love poems : a selection
(Essential poets series ; 79)
ISBN 1-55071-060-5
I. Palescandolo, Frank, 1917- II. Title. III. Series.
PQ4817.I2A25 1999 851'.8 C99-900309-7

Contents

8 Nannina/Nannina 9
12 Luna nova/New Moon 13
14 A marechiare/Marechiare 15
16 Zi munacella/The Novice 17
28 A Capemonte/Capemonte 29
32 Oi marenà/Ahoy, Sailor! 33
34 Era de maggio/Maytime 35
38 La serenata/Serenade 39
40 'A cammisa affatata/The Charmed Shirt 41
44 Comme va?/Do You Wonder? 45
46 Lettera amirosa/A Loving Letter 47
48 Da li ffeneste/Window to Window 49
50 Schiattiglia/Spite Song 51
52 'A disgrazziata/Shame 53
60 'O pranzo a 'o nnammurato/A Lover's Dinner 61
62 Stasera/This Very Evening 63
64 Vocca azzeccosa/Pouty and Pretty 65
66 Sunetto amaro/A Bitter Sonnet 67
68 Cuntrora/Siesta 69
70 Nu sbaglio/A Mistake 71
72 Vurria/My Viaticum 73
74 Lassammo fa' Dio/In God's Hands 75
100 L'oretenzie/The Hydrangea 101
102 Serenata napulitana/Neapolitan Serenade 103
106 'E llacreme D'Ammore/Tears of Love 107
108 Dint' 'a villa/A View From a Villa 109
110 'O tiempo/Advice to the Young 111
114 Ventariello/The Busybody Breeze 115
116 'E cecate 'e Caravaggio/The Blind at Caravaggio 117
118 Avite maie liggiuto/Bookmarks 119
120 San Francisco/San Francisco 121
130 Tutte se scorda/Who Will Remember? 131
134 Mbriaco/The Drunkard 135
136 Fronna d'aruta!/Wreaths of Rue! 137
142 Marzo/March 143
144 Ammore abbasato/Vintage Love 145
146 Pe la via/The Lost Dog 147

148 Minacce/The Timely Threat 149
150 Carmela/Carmela 151
Afterword 154

Note

A short autobiographical sketch appeared in the *Occhialetto* of Naples in 1886 from which the following passage is taken in part:

"As to what I write of myself, you can find hints in my books . . . that I, I always sought to encamp apart, but it vibrates with neurotic necessity in all my writings. As much as I trouble to keep it within bounds, it asserts itself in the midst of all, escaping by the skin of its teeth. Because of my tendency to express an innate spirituality, it happened that materialist critics dismembered this sentimental being of mine, and hanged the twitching pieces in a strange butcher shop. I am not irritated, I am saddened. Every critic chooses his own victim, everyone of these custom guards of art levies a toll at the gate. One can end up supporting forever this petulant and spinsterish old lady. When one speaks of art and young people, I cannot but help admire the young who dedicate all, mind and heart, who court art as a sweetheart, and learn grammar to serenade . . . !"

Nannina

I

Uocchie de suonno, nire, appassiunate,
ca de lu mmele la ducezza avite,
pecché, cu sti guardate ca facite,
vuie nu vrasiero mpietto m' appicciate?

Ve manca la parola e mme parlate,
pare ca senza lacreme chiagnite,
de sta faccella ianca anema site,
uocchie belle, uocchie doce, uocchie affatate!

Vuie, ca nziemme a li sciure v'arapite
e nziemme cu li sciure ve nzerrate,
sciure de passione mme parite.

Vuie, sentimento de li nnammurate,
m'avite fatto male e lu ssapite,
uocchie de suonno, nire, appassiunate!

II

A ll'ùnnece lu vico s'è scetato
pe lu rummore ca fanno li suone;
da vascio, nu cucchiero affemmenato
se sta sbrucanno sotto a nu barcone.

Ncopp'a nu pandulino accumpagnato
isso s'ammullechea cu na canzone;
nzuócolo se ne va lu vicenato:
«Che bella voce, neh, che spressione!»

Nannina

I

O Slumbrous eyes, so dark, so passionate,
honey tongued, smooth as silk are your deceits,
why sneak your glances my way to fire
a junked brazier in this cold-nipped heart?

Your every word to me is an effort,
crying on my shoulder, you are dry eyed,
the mask of your soul is a powdered face,
whose slits peer only to infatuate.

You flower with the red rose of morning,
and you close a nightshade, and blooded thorn;
the diurnal life and death of passion.

In spite of our lover's vows breath to breath,
you lured me to a hell with long lashed looks,
O Slumbrous eyes, so dark, so passionate!

II

Eleven o'clock, the street is bustling,
awakened by the rumble of traffic;
near a balcony, in serenade stance,
a shapely coachman clears his throat idly.

Huddled over a harlequin mandolin,
he indulges himself in a love song,
ravishing the senses of the neighbors;
"What a fine tenor, neh, such expression!"

— Aràpela, Nannì, sta fenestella!
Siente la santanotte, anema mia!
Salutame, Nannì, cu sta manella! —

E addereto a li llastre fa la spia,
cu ll'uocchie nire nire, Nanninella...
Ah! ca mo moro pe la gelusia!

III

E apposta pe lu vico addó affacciate,
gioia, doppo tre ssete io so' passato;
li ddoie fenestre steveno znerrate,
sulo lu barcunciello allumenato.

Doppo d'avé pe n' ora spassiato,
mm'è parzo de sentì strille e resate;
è asciuto 'o guardaporta e m'ha chiammato,
m'ha ditto: — Mio signo', vuie c'aspettate? —

Ll'aggio risposto: — Duie bell'uocchie nire
stanno ccà ncoppa e li vvoglio vedere
ll'ùrdema vota, e po' voglio murire!

— Levateve da capo sti penziere, —
isso m'ha ditto — ve ne putit'ire:
st' uocchie nire mo so' de nu cucchiere...

"Open wide the shutter, Oh Nanni!
Let the heaven air caress your brow!
Bless me, Nanni, with a wave of your hand!"

There, behind the shutter, Nanninella
peeks and heeds, through a slat I see dark eyes,
Ah! I shall die of jealousy on the spot!

III

Three days I wearily walked the pavement,
watching for the covert eyes of my joy;
not a sound, the shutter was bolted fast,
only a dim light on that balcony.

Patrolling that window an hour or more;
I thought I heard the trill of her laughter;
the conciege beckoned me to cross the street.
He said: "Sir, are you waiting for someone?"

"I languish for two dark eyes to appear,
her blighted balcony is a belvedere,
I . . . I am dying for the sight of her!"

"Get this obsession out of your noggin,"
he said to me, "best to leave, my young man,
those dark eyes now belong to the coachman . . . "

Luna nova

La luna nova ncopp' a lu mare
stenne na fascia d'argiento fino:
dint' a la varca nu marenare
quase s'addorme c' 'a rezza nzino...

    Nun durmì, scétete, oi marenà!
    votta sta rezza, penza a vucà!

Dorme e suspira stu marenare,
se sta sunnanno la nnammurata...
Zitto e cuieto se sta lu mare,
pure la luna se nc' è ncantata...

    Luna d'argiento, lass' 'o sunnà,
    vaselo nfronte, nun 'o scetà...

Comme a stu suonno de marenare
tu duorme, Napule, viat' a tte!
Duorme, ma nzuonno lacreme amare
tu chiagne, Napule!... Scétete, sce'!...

    Puozze na vota resuscità!...
    Scétete, scétete, Napule, Na'!...

New Moon

A new moon rises on a fabled bay,
orbing a fishing boat in chased silver;
a gathered net across bare browned knees,
a young fisherman nods on pillowed swells.

> Ahoy! fisherman lad, stay awake!
> Cast your net overboard, man the stout oars!

In this siren sea he sighs and dozes,
dreaming of his sweetheart who pines ashore;
a casual wake of the grey boat glows
phosophorescent, matching a lunar sky.

> O jeweled moon, let him dream of love,
> kiss him on the forehead with a beam.

As this fisherman lad sighs, so do you,
O Naples, blessed you are amid this beauty!
Some say you cry bitter tears in your sleep;
I have heard you cry, *Naples! Wake up! Na . . . !*

> Alas, you dream among languorous isles,
> Tiller unmanned. *O Naples! Wake up! Na . . . !*

A Marechiare

Quanno sponta la luna a Marechiare
pure li pisce nce fanno a ll'ammore,
se revoteno ll'onne de lu mare,
pe la priezza cagneno culore,
quanno sponta la luna a Marechiare . . .

A Marechiare ce sta na fenesta,
la passiona mia ce tuzzulea,
nu carofano addora 'int' a na testa,
passa ll'acqua pe sotto e murmulea . . .
A Marechiare ce sta na fenesta . . .

Chi dice ca li stelle so' lucente
nun sape st'uocchie ca tu tiene nfronte,
sti doie stelle li ssaccio io sulamente,
dint' a lu core ne tengo li ppónte,
chi dice ca li stelle so' lucente? . . .

Scétete, Carulì, ca ll'aria è doce,
quanno maie tanto tiempo aggio aspettato?
P' accumpagnà li suone cu la voce,
stasera na chitarra aggio purtata . . .
Scétete, Carulì, ca ll'aria è doce! . . .

Marechiare

When the full moon beams on Marechiare,
even fishes are pairing to make love,
changing colors in joy and excitement,
in a chase and embrace of gleaming scales;
when the full moon beams on Marechiare . . .

At Marechiare there is this window,
on which my passion is tapping lightly,
on the sill, a lone fragrant carnation;
hear the tide as it murmurs to the moon . . .
At Marechiare there is this window . . .

Who boasts about the brilliance of these stars
knows nothing of her eyes in the moonlight,
only I have seen those two brighter stars
that glow and ember in this heart of mine,
who dares to say the stars are more lucent . . . ?

Wake up, Caruli, feel the freshing air!
Since when do you let me languish so long?
To accompany me in serenade,
I have brought along a pliant guitar . . .
Wake up, Caruli, feel the freshing air . . .

Zi' Munacella

I

'A fenetura 'a strata 'e Tribbunale,
ncopp'a mancina (e proprio de rimpette
'o semplicista Errico Cannavale,
ca tene ll'erba p' 'o catarro 'e piette),

ce sta na cchiesiella. È tale e quale
comm'era anticamente e, pe rispette,
se nce mantene ancora nu stutale
d' 'o millecincucientuttantasette.

'A dinto è scura. Quacche vvota 'o sole
dà fuoco 'a gelusia tutta ndurata,
e ne fa na sparata 'e terziole.

Ll'oro luce e pazzea. D'oro pittata
na fascia, ncielo, porta sti parole:
A Maria del Rifuggio conzacrata.

II

Mmiez' 'e Bianche, attaccato e accumpagnato
cu sette sbirre, 'a copp' 'a Vecaria,
primma d'essere mpiso, 'o cundannato
ce scenneva a sentì na letania.

Tutto 'e velluto niro era aparato
l'altare 'e miezo. Nnanz' 'a sacrestia,
dinto a nu scaravattolo ndurato,
stenneva 'e braccia 'a Vergine Maria.

The Novice

I

On the dead end of the street of Tribunale,
over to the left (exactly opposite
the herbalist Errico Cannavale
who sells simples to cure the worse catarrhs),

is a narrow church wedged tight like a blade
between buildings; conforming to its time,
and tradition, it still uses wax tapers
of fifteen hundred and eighty-seven.

Gloomy is the interior, and damp;
on rare days the sun fires the blinds
ornamented in gilt, into brilliance;

speckling the vault like a tawdry
Heaven, spanned by a wide rubric:
Consecrated to Our Lady of Refuge.

II

Midst the Bianche, manacled and dragged
by seven guards from the Vecaria,
a condemned convict, to be hanged that morn,
heard his last Mass, and litany intoned.

The main altar was draped in black velvet,
before the sacristy, under a dome,
extended the arm of the Virgin Mary,
tentative, reluctant to bless the damned.

E faceva silenzio. E se senteva
chiagnere zitto zitto 'a bona gente
c'attuorno attuorno a 'o sfurtunato steva.

'O sacrestano, doppo nchiuse 'e pporte,
faceva nu signale a ll'assistente,
e accumminciava 'a letania d' 'a morte...

III

Arreto 'a gelusia na munacella
mmitava, e rispunneveno diece ate;
e chi mmitava era 'a cchiù figliulella,
mmiezo a sti cape 'e pezza addenucchiate.

"Figlia (accussì 'a batessa 'int'a la cella
ll'aveva ditto), figlia mia, fermate
a *lanua coeli*. Ccà, figlia mia bella,
stateve zitte e cchiù nnanze nun ghiate.

Sta parola è signale cunvenuto;
ll'uso 'o mettette santa Margarita,
ma 'o tiempo de sti ssante ogge è fenuto.

Cu sta parola salvate na vita,
ma ve perdite 'a meglia giuventù,
pecché 'a ccà dinto nun ascite cchiù!"

The silence was profound, only sniffles
of his family, who moved closer to him,
to touch him, to bless him with scalding tears.

The sacristan, after barring the doors,
nodded a signal to the church organist,
who sounded the litany of the dead.

III

Screened, a young nun led the sad litany,
while eight others answered in grave accents,
who knelt beside her in genuflection;
she was the one novice of the choir.

At daybreak, the Abbess warned the young nun,
at her orisons in her small cell,
"You break off this litany at the words *Iannu Coeli,*
at this point, dearest child, you maintain silence.

This abrupt closure is a timeworn practice,
by her own hand Saint Margaret marked this stop,
nowadays, saints are losing influence.

Go beyond, and you salvage a doomed soul!
If you disobey, the bloom of your youth
is forfeited, you will beg for mercy!"

IV

Comme capite, senz'eccezione,
ieveno a morte tutt' 'e cundannate,
ca 'e munacelle, munacelle e bbone,
nun lee sunava 'e rummané nzerrate.

Vecchia era 'a cchiesia e antica 'a funzione,
e se nc'erano troppo abbituate;
addio speranze, addio cumpassione . . .
s'erano fatte 'e pprimme scellarate!

(Seh, ma simmo curiuse, 'a verità;
nuie mettimmece dint' 'e panne lloro:
sti ppuverelle c'avevano fa'?

Tutto chello ca luce nun è oro;
'e moneche so *Scalze*, so' *Pentite*,
ma 'e moneche so' femmene e . . . capite?)

V

Nu poco doppo 'o fatto 'e Masaniello,
nun saccio mmano a quale vicerré,
fuie cundannato nu giuvinuttiello
pe nu mmicidio 'int' 'o vico Tre Re.

Se chiammava per nomme Affunzetiello,
pe scangianomme «'o frate 'e Teppe tté»;
e aveva acciso a nu mastedasciello,
ca po' doppo ve dico lu pecché.

IV

Thus stood the rule, no exceptions at all!
From the scaffold, the convict dropped into Hell!
Rosy cheeked and lively, the young nuns
did not disobey, fearing clausura.

Hoary was the church, and its requiem,
hardening all hearts into a routine;
over the years they chanted by sheer rote,
dulling all pity, compassion, or hope.

Sure! Easy to judge them in sunlight;
enfolded in that habit, and that cell,
what choice but obey the Mother Abbess?

We know that all that glitters is not gold;
nuns are fast vowed, barefoot, and penitent,
nevertheless, they are women . . . Agreed?

V

After the revolt of Masaniello,
I don't recall the Viceroy in charge,
a youth was sentenced to hang on the gibbet,
for a murder on the street of the Tre Re.

He was commonly called Little Alphonse,
his nick name: "The brother of Teppe te."
Allegedly, he killed a carpenter.
Why this awful act? I'll tell you later.

Fuie purtato a sta cchiesia e cunfessato;
a doppo cunfessato se sentette
na messa 'e requie, nterra addenucchiato;

e quanno 'a messa 'e requie fenette
e ll'organo d' 'o suonno se scetaie,
'a letania, da coppa, accumminciaie ...

VI

«*Salve Regina!*» armuniosa e bella
'a voce de na moneca cantaie,
e, addereto a nu poco 'e fenestella,
ianca ianca, na faccia s'affacciaie;

e cu sta faccia ianca 'a munacella
tenette mente abbascio e se vutaie;
«*Salve Regina! Ave, maris stella!
Mater intemerata!*» seguitaie.

Tremmava 'a gente, abbascio. A poco a poco,
cantanno 'a letania, tremmava 'a voce
comme a na mana 'e viecchio accant' 'o fuoco.

Zitte! ... Ausuliate! ... Doce doce
ha ditto *Ianua coeli!* ... 'O cundannato
s'è salvato! ... 'o ssentite? S'è salvato! ...

Escorted to this church, he was confessed;
prostrated full length on the stony floor,
to attend the Mass, and *mea culpa*s.

Alas! The requiem granted no plea!
The leathery organ groaned to join
the choir from the start, not the finish.

VI

Salve Regina! young limpid voices
in a dirge of heavenly harmony;
the taut ashen face of the novice showed
in the oval opening of the screen.

Blue eyes subdued, she sang her solo lead:
Salve Regina! Ave! Maris stella,
Mater intemerata, in repeat.
Tremulous cries rose from the front pews!

The text was distinct until the nun's voice
shook like the hand of a crone by a hearth.
The litany pitched to a peak. "What's that?

Quiet everyone! Did I hear a voice
whisper the proscribed words: *Iannu Coeli?*"
"Yes! Yes! He is worthy of salvation!"

VII

— Figlia, ch'aie fatto!... E mo? Rieste nzerrata,
senza speranza 'e te n'ascì cchiù maie!...
Mo de sta vita toia che te ne faie?
'A bella giuventù te ll'e'iucata!

— Nun me mporta!... Na vita aggio salvata,
e a paté Giesù Cristo ce mparaie,
ca pe la gente ca vo' bene assaie
quaccosa ce starrà, ncielo astipata...

— Mo siente, quanno 'o ssape 'o vicerré!
— Dicitele accussì ca so' stat' io.
— Nun te ne piente?...— No, madre baté!

— Povera a te! Cerca perduono a Dio!
— Dio me perdona. E sapite pecché?
Aggio salvato 'o nnammurato mio!...

VIII

— Ah, sfurtunata, sfurtunata a te!...
(E 'a batessa p' 'o vraccio ll'afferraie)
Viene, — dicette — viene ccà cu mme...
(E dinto 'a cella soia s' 'a strascenaie).

Dimme mo: 'a causa e' stu mmicidio 'a saie?
— Nonzignore...— No...— No, madre baté...
— Aìze 'a mano nnane a Dio! — (Ll'aizaie).
— Giura! — (Giuraie). Dice 'a batessa: — Embè,

VII

"Daughter! What have you done! You broke the rule!
You will be locked up in seclusion,
so what is left of this pitiful you?
You risked all, the well being of your youth!"

"I don't care, I gave a soul salvation!
The sacred heart of Jesus taught us well!
That, for the persons you love very much,
he will always make an exception in Heaven!"

"God help us all when the Viceroy hears!"
"Declare flatly, I . . . I disobeyed you!"
"You are not sorry?" "No, Mother Abbess."

"You poor thing! Now you pray for God's pardon!"
"God pardons me, do you know why he will?
I saved the soul of my once betrothed!"

VIII

"Ah! You ill-destined child of the Order,"
the Abbess seized her arm roughly:
"Come," she said, "come along with me now!"
Hemming the nun back into her barred cell.

"Be frank! Do you know why he killed that man?"
"No, Mother Abbess, I don't know."
"Raise your hand to God, and swear,
swear to what you say! — So you have sworn!

sienteme, figlia benedetta mia,
siente pe chi te si' sacrificata,
pe chi e'priata 'a Vergine Maria.

St'ommo s'è perzo pe la nnammurata,
s'è nfuso 'e sango pe la gelusia . . .
Ma no pe te! . . . Ma no pe te! . . . Pe n'ata!

Listen closely, my poor innocent one,
I'll tell you truly why you sacrificed,
why you interceded with the Virgin.

He lost his head because of a woman,
he plunged a blade because of jealousy,
not over you, not you, for another!"

A Capemonte

Sotto a chist' arbere viecchie abballaveno
'e cape femmene, cient'anne fa,
quanno s'ausaveno ventaglie 'avorio
polvera 'e cipria e falbalà.

Ce sa metteveno viuline e flàvute
pe l'aria tennera a suspirà,
e zenniaveno ll'uocchie d' e ffemmene,
chine 'e malizia, da ccà e da llà . . .

Ma si chest'ebbreca turnà nun pò,
nun allarmammece, pe carità!
'E cape femmene ce stanno mo,
cchiù cape femmene de chelli llà! . . .

Da mmiez' a st'arbere sti statue 'e marmolo
vonno, affacciannese, sentì cantà,
vonno sta museca passere e miérole,
scetate, sèntere, pe s' 'a mparà.

Dice sta museca, ncopp'a nu vàlzere:
«Figlió, spassateve, ca tiempo nn'è!
Si e core e ll'uommene sentite sbattere,
cunzideratele, sentite a me!

L'anne ca passano chi pò acchiappà?
Chi pò trattènere la giuventù?
Si se licenzia, nun c'è che fa',
nun torna a nascere, nun vene cchiù!»

Capemonte

Under this arbor, one hundred years ago,
fair women danced, their cameo faces,
powdered with talc and falbala,
peeking through fans of yellow ivory.

Violins and flutes softened the air around,
in tempo for tender sighs and heartbeat;
elegant ladies posed, winked long lashes,
jealously vying for keepsakes of love.

If this mellow time and place did not last:
"Be not distressed over the faded scene.
See beneath the lattice and pleached branches.
There are more ladies who are dancing."

The marble statues tend to lean forward,
to hear timely songs of love and longing,
sparrows and blackbirds roost by and cock heads,
to learn the melody and the lyrics.

In waltz tempo, the music is saying:
"Maiden, enjoy yourself in your given years.
If you set men's hearts beating wildly,
be gentle to them, listen to me well.

Who can regain years of rust and regret?
How long can one treasure surging passion?
Once gone, nothing you can do to reclaim it,
reborn afresh, to relive rosy cheeked."

☆

E si risponnere, luntana e debule
mo n'ata museca ve pararrà,
allicurdateve de chelli ffemmene
ca nce abballaveno cient'anne fa.

Vèneno a sèntere st'ombre ca passano
comme se spassano sti gente 'e mo:
e si suspirano vo' di ca penzano
ca' 'o tiempo giovene turnà nun pò . . .

Figlió, spassateve, c'avimma fa'?
nun torna a nascere la giuventù! . . .
Mme pare 'e sèntere murmulià
ll'eco nfra st'arbere: «Nun torna cchiù! . . . »

☆

Do you hear frayed strings of violins,
and short breathed flutes, nearing the arbor:
you recognize the ladies of the ball,
waltzing in silk one hundred years ago?

These passing shades come to see how maidens
entertain themselves in this day and age,
they look on, lament the impatient hours,
knowing well all ardent youth has one fate.

Sweet maiden, enjoy, what else to do?
Youth is never renewed, it dies — dies —
Do you hear the cries from the ghostly dancers
at the ball: "Youth is beyond recall!"

Oi Marenà

Mmiezo a lu mare vocame, varchetta,
e tu, mare, tu famme nonna nonna;
io m'addormo penzanno a chi m'aspetta,
a na fenesta e a na faccella tonna...

Fenesta piccerella piccerella,
ne tengo una pur' io dint' a lu core;
si da llà me fa segno na manella,
da ccà risponne ammore.

    Ammore, oi marenà!
    Lu mare e ba!

Quanto vurria sape che sta facenno
nennella mia, si dorme o sta scetata...
Core mme dice che starrà redenno...
La nfama sta varchetta ha ncatenata!

L'ha ncatenata, e longa è la catena,
da ccà se stenne anfino a la fenesta,
si sta varca se move appena appena,
nenna la tira lesta...

    Tira, si vuo tira!
    Lu mare e ba!

Ahoy, Sailor!

Lazy swells rock my dory;
I doze off dreaming
of my darling who dotes on me;
a pert, cameo face in a window.

Such a tiny, tiny window,
like the one in my heart;
if she waves to me, I see her,
and blow back kisses.

> O Love, ahoy, sailor!
> Where are you bound?

When I wish to know what my darling
is doing, asleep or awake, I ask
my heart who sees her laughing. Why?
The sneak has grappled my boat!

She directs my drift to shore,
where she stands, line in hand,
drawing me near, and nearer;
dimpled hand over dimpled hand.

> O Sweet Pilot, if you will,
> Beach me in your arms!

Era de Maggio

Era de maggio e te cadeano nzino
a schiocche a schiocche li ccerase rosse,
fresca era ll'aria e tutto lu ciardino
addurava de rose a ciente passe.

Era de maggio; io, no, nun me ne scordo,
na canzona cantàvemo a doie voce;
cchiù tiempo passa e cchiù me n'allicordo,
fresca era ll'aria e la canzona doce.

    E diceva: «Core, core!
    core mio, luntano vaie;
    tu me lasse e io conto ll'ore,
    chi sa quanno turnarraie!»

    Rispunneva io: «Turnarraggio
    quanno tornano li rrose,
    si stu sciore torna a maggio,
    pure a maggion io stonco ccà.»

E so' turnato, e mo, comm' a na vota,
cantammo nzieme lu mutivo antico;
passa lu tiempo e lu munno s'avota,
ma ammore vero, no, nun vota vico.

De te, bellezza mia, m'annammuraie,
si t'allicuorde, nnanze a la funtana:
ll'acqua llà dinto nun se secca maie,
e ferita d'ammore nun se sana.

Maytime

You will recall, it was May; on your lap
fell cluster upon cluster of cherries,
a hundred paces off we both scented
the cool fragrance of the garden roses.

It was Maytime, I shall never forget,
that lovely song we sang in duet;
time dulls, but that scene is sharper today,
so intimate with kisses was the air.

> Her words: "Oh heart, Oh heart of mine,
> you are leaving to go afar,
> who knows when you return to me,
> I shall wait and count the hours."

> And I answered: "I shall be back,
> when our roses bloom again,
> if they still reign this coming May,
> I shall be back in good season."

And so I did return to you, and now,
as before we sing a shared melody,
the world revolves and days go by whirling,
but true love is steady, fixed forever.

I fell in love with you at the fountain,
whose basin, dear, brims with unslaked desire;
the wounds of love are never, never staunched
this fountain of ours never runs dry.

Nun se sana: ca sanata
si se fosse, gioia mia,
mmiezzo a st'aria mbarzamata
a guardarte io nu'starria!

E te dico: «Core, core!
core mio, turnato io so',
torna maggion e torna ammore,
fa de me chello che buo'!»

Wounds do not heal, for if they did,
Dearest, I would not be standing
midst red misted air of the spout,
to gaze at you with hopeless wonder.

And so, I say: "Oh heart, Oh heart!
I am here with you as I vowed,
May is here, wounds of love meet.
do with me what you want! Take me!"

La serenata

A li ffeneste de la Vecaria
saglie, ogne ssera, all'unnece sunate,
cu panduline e chitarre scurdate,
la santanotte de li mammamia.

Manco n'anema passa pe la via;
ma, certo, arreto de li cancellate,
sente sti suone e sti vvoce abbrucate
lu malo sbirro de la pulezia...

«Che sciorta neta a cchiagnere peccate!
ma quante ancora chiagneno pe tte,
quanta figlie de mamma ammanettate!

Angelarè, mpo', mpa'! Fatte vedé!...»
Ah! ca vurria spezzà sti fferriate!...
E lu sbruffea la stesa: — «Angelarèee!...»

Serenade

Near midnight, that notorious hour
of crime, I am under the prison walls
of the Vecaria to strum a song,
a sour tuned mandolin in my arms.

All shadows and gloom, not a soul in sight,
down the pocked walls runs a cold sweat, I hear
rough, hoarse argots echoing in dead air,
our serenade to a police spy:

"Your black soul will ever cry for forgiveness!
How many more are weeping in bare homes,
all those mothers whose dear sons you indicted!

Angelaree! mpo, mpa! Show your vile face!"
If only we could break these manacles!"
Maledictions rose in a cadenza: "Angelaree!"

'A cammisa affatata

Stu felato, Carmè, pe chi file?
St'ariatella, Carmè, pe chi vuote?
Pe chi tiesse sta tela suttile,
ca cchiù fina ogni ghiuorno se fa?...

E, tessenno, Carmela dicette:
«Voglio fa' na cammisa affatata,
ca si ncuollo quaccuno s' 'a mette
nisciun'arma ferì nun 'o po'!»

  E ffila e tesse e gira
  e vota 'o rucchiello...
  Tene ncopp''e denocchie
  'e seta na matassa;
  tene 'e llacreme a ll'uocchie...
  E canta, sola sola,
  'a povera figliola:

«Pecché m'appauro? — pecché accussì scuro
mme sento, tessenno, stu core, pecché?
Carmè, puverella — te chiammano bella...
Ma bella e scuntenta nun sanno che si'!...»

  Giuvinotte, lassate sta terra
  ca sudanno adacquate e zappate;
  sta muvenno 'o rre nuosto na guerra
  a nu rre ca fa schiave nce vo'...

  E tu cacce 'a cammisa affatata,
  nun 'o vvide? 'O mumento è benuto:
  nn' 'a tené cchiù gelosa nzerrata,
  nun 'o ssiente ca fràteto 'a vo'?...

The Charmed Shirt

Carme, for whom do you do this spinning?
This round wheel, for whom does it turn, Carme?
For whom are you weaving this lustrous cloth,
whose texture becomes finer every day?

While weaving a pattern, Carmela said:
"I weave a charmed shirt fit for someone dear,
who ever wears it faithfully and true;
no weapon can ever pierce the person."

> Incessantly, she threads and spins,
> as the spool rotates round and round.
> On her knees lies a skein of silk,
> tears, tears are welling in her eyes,
> while fabricating this design.
> She sings to encourage herself
> with no surety of outcome.

"Why am I so fearful, such foreboding,
while I weave this fabulous shirt:
I, Carmela, some say I am comely.
Don't they see disquiet in my face?"

> You, young men, flee this country now, at once,
> before you drown to death in your own sweat,
> our king is driving us on to dire war;
> no fealty to a king who enslaves.

You show the shirt finely finished and shaped:
examine it well! The moment is nigh!
No more need for secrecy and tight blinds:
don't you hear a brother's claim to wear it?

E ffila e tesse e gira
e vota 'o rucchiello...
Sempre ncopp''e denocchie
tene 'a llacreme a ll'uocchie...
E canta, sola sola,
'a povera figliola:

«Pecché m'appauro? — pecché accussì scuro
mme sento, tessenno, stu core, pecché?
Lassammo sta terra — va fràtemo nguerra!
Chi sape si vence, si torna... chi sa!...»

Ma Carmela n'amante teneva
scellarato pe quanto era bello,
ca sapenno 'a cammisa addó steva
na nuttata s' 'a jett' 'arrubbà.

Traditore d''a patria addó è nato,
p' 'o partito cuntrario cumbatte:
llà s'è fatto piglià pe surdato,
llà cu 'e pegge nemice s' 'a fa!...

E ffila e tesse e gira
e vota 'o rucchiello...
Sempe ncopp' 'e denocchie
tene 'a matassa 'e seta...
Tene 'e llacreme a ll'uocchie...
E canta, sola sola,
'a povera figliola:

«Felanno e tessenno, — cantanno e chiagnenno,
'o sole ogne ghiuorno mme vede accussì...
Aiemmé! 'O nnammurato — m'ha acciso a nu frato... E
chesta è 'a canzona ca, sola, canto i'!...»

> Incessantly, she threads and spins,
> as the spool rotates round and round,
> On her knees lies a skein of silk,
> tears, tears are welling in her eyes,
> while fabricating this design.
> She sings to encourage herself
> with no surety of outcome.

"Why do I tremble, why so downhearted,
why this shuddering in my heart?
Flee this land — but my brother goes to war!
Who knows if he will win, survive, come home?"

> Carmela had a base lover, who pried,
> shiftless and wicked, as he was handsome;
> knowing the whereabouts of the charmed shirt,
> he stole it one night from its hiding place.

> A traitor to the country of his birth!
> He defects to the side of enemies;
> volunteers in the first rank of the foe,
> shoulder to shoulder with barbarians!

> Incessantly, she threads and spins,
> as the spool rotates round and round,
> On her knees lies a skein of silk,
> tears, tears are welling in her eyes,
> while fabricating this design.
> She sings to encourage herself
> with no surety of outcome.

"Drawing and weaving, shuttling and threading . . .
Thusly, the sun pities me each day.
Woe is me! My lover killed my brother!
I mourn, as I sit here, spinning a shroud."

Comme va?

Comme va, comme va
ca doppo tant'ammore
ce putimmo lassà?

Ah, che core, che core
ca tenimmo, Marì!
E c''o tenimmo a ffa'?
Comme va?... Comme va?...

E comme, comme va
ca sta vocca, sta voce
nun me pozzo scurdà?

E st'uocchie? Accussì ddoce!...
Dimme, dimme, Marì,
sta smania che sarrà?...
Comme va?... Comme va?...

Ah, Maria! Comme va
ca 'e femmene, ca 'o ssanno,
ce vonno afforza fa'

'o mmale ca ce fanno?
e pecché nuie, pecché
ce 'o volimmo fa fa'?...
Comme va?... Comme va?...

Do You Wonder?

Do you wonder, do you,
after such kisses,
we can part?

Ah! How cruel both our hearts,
two strangers in the end,
why did they ever meet?
Do you wonder, do you?

Do you wonder, do you,
I cannot forswear
past avowals of love?

Dim your eyes? Dim the stars!
Tell me true, Maria,
why do I rave on?
Do you wonder, do you?

Ah! Maria! how come women's tongues
so meanly harm,
tearing our troth in two?

Why did we allow
this to happen,
to divide our fates?
Do you wonder, do you?

Lettera amirosa

Ve voglio fa' na lettera a ll'ingrese,
chiena 'e tèrmene scìvete a cianciuse,
e ll'aggia cumbinà tanto azzeccosa
ca s'ha d'azzeccà mmano pe nu mese.

Dinto ce voglio mettere tre cose,
nu suspiro, na lacrema e na rosa,
e attuorno attuorno a ll'ammilocca nchiusa
ce voglio da' na sissantina 'e vase.

Tanto c'avita di': «Che bella cosa!
Stu nnammurato mio quanto è priciso!»
Mentr'io mme firmo cu gnostia odirosa:
Il vosto schiavotiello: Andonio Riso.

A Loving Letter

I wish to write to you English style,
replete with choicest and honeyed words,
penned so sugary and so ardently,
it will cling to your hands a month, and more.

In the letter, I shall enclose three things:
a long sigh, a large tear, and a lush rose;
I shall seal the confected envelope
with sixty kisses and as many sighs.

To the point you will say, "How ingenious!
How precious to me is my dear writer!"
With a flourish of perfumed ink I sign:
Your devoted slave, Antonio Riso.

Da li ffeneste

Aggio appurato ca se chiamma Rosa,
essa ha saputo ca me chiammo Ndrea...
Che faccio mo? Lle dico o no quaccosa?
Veca ca cierti vvote me smiccea.

Nun me pare na zita cuntignosa;
quanno m'affaccio, cchiù ride o pazzea...
E naturale, o vo' fa la vezzosa?
Che ve pare? Fa overo o me cuffea?

Tene ciert'uocchie! Tene na vucchella!...
Nu pède piccerillo piccerillo!...
Na mana piccerella piccerella!...

Si putesse menarle nu vasillo!
   ...Zi'...sta cantanno!...Siente che vvucella!...
«Me sto criscenno nu bello cardillo!...»

Window to Window

I inform myself, she is called Rosa,
she informs herself that I am Andrea . . .
What to do now? Shall I make the first move?
I catch her stealing sly glances at me.

She does not seem over prim and proper,
our windows are facing, she flirts and smiles,
only natural, but is she sincere
or acting to play me for a fool?

I reach across the sill for cherry lips;
on her toes, she pirouettes away,
her hands flutter like the wings of a bird.

If I could only trap those hands in mine,
quiet! She is singing, how beautiful!
"I have a wild cardinal in my cage."

Schiattiglia

Taniello Granata nfaccia 'o bancone 'e solachianiello.
Teresina «'a brunettella» all'impiete, vicino a isso.

— Siente, io mo nn'aggio avuto nfamità,
ma sti nfamità toie so grosse assaie!
— Tu che buo'? — Schiatta ossà! Voglio parlà!
Me puo'mpedì? — Neh, ma pecché mm''o faie?

— Sì, sì, va buono, i'che te pozzo fa'?
Pozzo sapé tu addó cancaro vaie?
Si fosse n'ommo!... — Ma me vuo'ncuità?...
— Sì, sì, va buono!... — Aggio passato 'o guaio!

— Aissera addó stiste? — Cammenanno.
— Già! Piglioanno aria! Iettanno suspire!
Sti cammenate toie, gué, ni', se sanno!...

— Neh?... «*Carulì cu st'uocchie nire nire...*»
— Puozz'esse'acciso cantanno cantanno!
— Accussì spero!... «*tu me faie murire!...*»

Spite Song

Taniello Granata at the counter of his cobbler shop,
Teresina (a brunatella) standing next to him.

"Listen here, I have been hurt many times
but nothing so deep as your cruelty!"
"But, what do you want of me?" "Break your bones!
I must speak or bust! You care to stop me?

Useless right? Can I ever change your ways?
Who knows where the hell you go by yourself?
If I were a man!" "You must upset me?"
"How did I ever get mixed up with you?

Last night, where were you?" "I took a long walk."
"Taking some fresh air! Exhaling sighs! With whom?
Those walks of yours are notorious!"

"Ah! Caroline, those black eyes of yours . . ."
"You should drop dead while singing pretty lines!"
"I hope so — *will send me to my grave?*"

'A disgrazziata

Malia de Vita e Rosa Schiattarella

I

— «Figlia mia, siente a me, figlia mia bella,
siente a mamma! Sta vita nun è cosa;
si' fatta grossa, miette cerevella:
quann'ero io comm' a te steva annascosa!

Mo na zetella nun è cchiù zetella
mmocc' a la gente, si nun è gelosa
de li pprete che tocca la vunnella;
penza ca tutto è carità pelosa!

Tu nun me siente o te ne faie na risa,
pecché so'vecchia e nun t'aggio che fa'...
Siéntela a mamma, chello che t'avisa!

Figlia, io la saccio chella genta llà;
core mio, t'accarezza, sì, t'allisce!
ma po'... luntano sia... tu me capisce!»

II

Ogne ghiuorno accussí, cummara mia,
e ogne sera, quann'essa se spugliava,
io lle faceva chesta letania
e a la Madonna l'arraccumannava.

«Madò, tienela mente pe la via!
Dalle lume, Mado'!...» Nun me curcava
senza di' groliapatre e avummaria
anfino a quanno nun se retirava.

Shame

The Temptations of Life of Rosa Schiatterella

I

"My child, listen to me, my one daughter!
Heed your mother! This life you lead is wrong!
Will bring you nowhere; you are getting fat.
Glutton! At your age I was a shadow.

A maiden is never a true maiden
in the mouths of people, ignorant lot.
They believe that when you touch a cassock,
all good persons must have hairy legs.

You are smirking, and not paying attention.
Why? Because I am old and not good for much?
Your mother loves you, respect her wisdom.

Wicked men are waiting to flatter you
dizzy; vows are paste jewels, he jilts you!
I see you at the door sobbing: "Mama!"

II

After staying out on the town all night,
I nagged her with same old litany,
while she unbuttoned and went to bed.
I prayed to the Madonna to protect her.

"Mado! Watch your step on the lowlife streets!
Stay where it is light! Mado!" Who could sleep?
I tolled the hours by the rosary beads
of her communion till she was home safe.

«Addó si' stata?» Primma rispunneva:
«Addó so' stata?» Ncopp'addó Nannina...
Addimannatecello... me vuleva...»

Po' se cagnaie. Sapite na matina
che me dicette? Me dicette: «Oi ma'!
Faciteme fa' chello c'aggia fa'!»

III

— Giesù — Sentite appriesso... Io nun murette
chella matina, donna Rosa mia,
proprio pecché lu cielo nun vulette...
Fosse morta, cummà, meglio sarria!

Basta, la lengua ncanna me scennette
e cchiù la voce nun truvaie la via,
tanto, cummara mia, ca me credette
ca fosse quacche tocco... — Eh!... Arrassusia!

— Che ll'avisseve ditto!... Io sola, sola,
vecchia mputente, che puteva di'?
Nun rispunnette manco na parola.

E li ccose fernettero accussì...
Ma... a vuie pozzo parlà... Mbè, rispunneva
malamente... e si chella me vatteva?

"Where were you?" In the beginning she answered.
"Where was I? I dropped in on Nannina.
Ask her, go on, ask her, she wants me to —"

Then she changed. One morning, she told the truth,
Saying to me flatly: "O Mother!
Let me do what I must do! Let me be!"

III

"Dear Lord! What happened next?" "I still don't know
how I did not get a stroke that morning!
I suppose Heaven did not want it so . . .
Perhaps, *cummara,* I am better off dead!

My tongue clove to the roof of my mouth,
I could not dig a word out of my throat,
so much so, *cummara,* I really believed
I had that stroke I spoke of earlier.

What would you have said to her? I, a lone
weak old widow woman, what could I do?
I kept mum, and I bolted another pill.

And so she had her way. What could I do?
To you I can admit her lack of respect,
and there was the chance she would beat me too!"

IV

— Che!... Ve vatteva!... — No!... Pe carità!
Nun 'o dicite manco pe pazzia!
Nun è figliola de fa'chesto ccà!...
Io... diceva... pe di', cummara mia!

Seh! mme faceva chesta nfamità!
Seh! mme vatteva!... Figliema!... Maria!...
Basta, sentite... .Pe v'abbrevià,
ne vuleva da' parte 'a pulezzia.

Po' mme mettette scuorno: vuie capite
llà mme sanno... Vicienzo mme fuie acciso...
llà sto scritta pur'io: *Malia dde Vite*...

E pe stu scuorno ca me songo miso,
figliema mia... mo... mo... — Meh, nun chiagnite!
Ll'ha vuluto essa, pecché nun v'ha ntiso!

V

Ll'avite vista cchiù — Chi? Mariella?
Ve pare! Comme! Sere fa venette...
Cummara mia, s'è fatta accussì bella
c'a pprimma botta nun 'a canuscette.

Che sciucquaglie, cummà, c'oro, c'anella!
E c'addore purtava, e che merlette!...
I' senteva na voce: «Mammarella!
Mammarella addó sta?...» Ntela e currette.

IV

"What! She beat you? For the love of God!
Bite your tongue! Don't say such outrageous things!
She could not do anything so awful!
I . . . I say this because I am aghast!"

"Yes, she would have done this terrible act,
she almost laid hands on me, my daughter,
Maria! Listen well, I'll make it short,
call the police? No. I would be ashamed.

You must understand, I am known there,
my Vincent was slain by local gangsters,
my name too is on the police blotter;
as a kin member of the underworld.

I said not a word more to enrage her
O daughter of mine — and now, now." "Don't cry!
She brought it on herself, it is not your fault."

V

"Did you see her again?" "Who, Mariella?
You won't believe me! She is a Venus!
Cummara mine, she is so beautiful!
At first sight, I did not recognize her.

What extravagance of dress, gold and rings.
Such exquisite perfume, the lace, coral!
I heard this voice: "Mummy. Where are you?"
I ran, stumbled, fell into her open arms!

— Che dicette? — Sentite; dice: «Oi ma'!
Che ve ne pare de sta figlia vosta?...
Vuie comme state?... Embè!... Nun c'è che fa'...

— Neh? (Ma ce vo'na bella faccia tosta!)
— E mme purtaie nu taglio 'e satinè...
Trasite, ca v''o voglio fa'vedé...

"What did she say?" "I'll tell you, 'O Mother,
what do you think of your fancy daughter?
How is your cough? Well, all is said and done!'

"Some sass! Some nerve! Anyway she kissed me,
she brought me a piece of finest satin,
come, come in, I'll show you the piece of goods."

'O pranzo a 'o nnammurato

Ah, si 'o ssapesse Aniello «'o scarrecante»,
si ll'appurasse chello ca è custato
sta mullica 'e furmaggio pizzicante
e stu pullo nfurnato e mbuttunato!

È custato nu sì, sceppato a fforza
a Nanninella «'a rossa» 'a nu studente...
E, doppo, s'ha mangiate 'e mane a mmorza
sta femmena 'e chist 'ommo malamente!...

Sì: s'è vennuta!... Ce vo' nu curaggio!...
Ma si no chi purtava a «San Francisco»
stu pullo mbuttunato e stu furmaggion,
e sta butteglia 'e vino e 'o ppane frisco?

Nu biglietto 'int' 'o ppane essa ha mpezzato
(quanno Aniello s' 'o mmangia 'o liggiarrà):
«Nega sempri, mi ha detti l'avucato!...
Sempre ferele Annina ti sarrà!...»

A Lover's Dinner

Ah! If only Aniello, the loader saw
her sacrifice against a dirty wall,
to buy this morsel of bread, and sharp cheese,
the roast chicken, stuffed with pine nuts and meat!

The sacrifice? A hard wrung yes from Nanninella,
the red head; business of the street; a student;
when he paid her, she bit his hand to the bone!
Shh! she told herself this once; it took nerve!

If she said no, who would bring to this prison
of San Francisco, the basket of stuffed chicken,
the flask of red wine, the cheese, and fresh bread?

She forced a note into the middle of the bread
(When Aniello tears off a piece, he will read, plainly):
"Deny everything! The lawyer says so!
Nannina will be eternally faithful to you!"

Stasera

Peppe s'è mmiso cu na luciana:
(chi sa stu fatto comme fenarrà!)
'o tiempo passa, e mo già è na semmana . . .
Embè . . . Nunzia stasera 'a va a truvà!

Lle vo' di': — Me scusate e perdunate,
Peppe 'o ssapite c'appartiene a mme?
Che se dice? 'O lassate? 'Un 'o lassate? . . . —
Dice chell'ata: — E tu 'a do' iesce, oi ne'?! —

Nunzia mette na mana dint' 'a sacca,
lle corre ncuollo: — Ah, piezz' 'e nfama, teh! . . . —
E c' 'o rasulo ammanecato 'a ntacca . . .
E na folla 'a secùta: — Arresta! . . . Arrè! . . . —

A chesto sta penzanno. 'Int' 'e ddenocchie
sente comm'a nu triemmolo passà . . .
Ccà vede 'o sango . . . E, nere, nnanz' a ll'uocchie,
'e ccancelle d' 'o carcere, cchiù llà . . .

This Very Evening

Peppe is living with a woman from Luciano.
(Who can tell how this affair will end?)
An agonizing week goes by. It's time!
I, Nunzia, will call on her tonight!

To declare to her, with no ifs or buts:
"Excuse me, that Peppe belongs to me!"
To challenge: "Will you give him up or not?"
The rival says: "Where are you coming from?"

Nunzia slips a hand from her pocket,
Leaps upon her: "You piece of trash! Take this!"
With that razor in her hand she strikes deep;
a crowd pursues her: "Arrest her!" "Halt!" "Halt!"

Nunzia is fantasizing; her legs tremble,
she sees red blood in a fainting darkness,
every way she runs in this street of alarms,
the gates of the prison yawn ahead!

Vocca azzeccosa

Nfunn' a lu mare na perla nascette,
ncopp' a nu monte nascette na rosa:
dint' a nu suonno na vocca azzeccosa,
purzì nascette, pe dirme: «Bonnì!»

Sta perla ianca, sta rosa, stu suonno
dint' a stu core fanno na casa:
la rosa addora, la vocca me vasa,
dint'a sti trezze la perla vo' sta!

Ma a la curona de nu mperatore,
aiemmé, la perla murette azzeccata,
la rosa rossa mme s'è spampanata,
e tu, tu pure, nun pienze cchiù a me.

Pouty and Pretty

From the depths of the sea rose a pearl,
on a mountain there grew a rose;
in my dreams a lovely voice was born;
greets me at sunrise: "Have a golden day!"

This white pearl, this rose, this dream
have built a temple in my heart
where the rose is fragrant, your lips kiss mine;
among your tresses I find the pearl.

Alas, like the pearl on the crown
of an Emperor, it yellowed and cracked;
the red rose was stripped of its petals,
and you, you too, don't adorn my temple!

Sunetto amaro

'A tanto tiempo i' penzo a nu sunetto
ca fosse proprio chillo tale e quale
ca a chest'anema mia, nzerrata mpietto,
dicesse francamente 'o bene e 'o male.

Ma quanta vote a scrivere m' 'o metto
io dico: E ca tu 'o scrive a che te vale?
Cchiù sincero ca si'cchiù daie suspetto:
'o pane d' 'a franchezza è senza sale.

L'èbbreca antica èmorta 'e ietticia,
mo ce parlammo senza guardà nfaccia,
e chello ca tu pienze 'un 'o penzo io.

Miettele 'e parte sta filusufia,
fa comme fanno tante votafaccia,
ca si no schiatte, quanto è certo Dio!

A Bitter Sonnet

I whiled away lonely evenings to write a sonnet
that would express this fervid poetry in my heart,
stifled, strangled, writhing in my hardened breast,
to versify the good and the bad of our love

in fourteen lines. Beginning to write, I doubt my pen,
because what does it mean to say all with a full heart?
More sincere you are, more suspicions imagined;
it is said the bread of candor is without salt.

Old customs and courtesy are dead or wasting,
today we speak avoiding each other's eyes;
between us the prosy longuers of habit.

Set aside this noble philosophy of yours,
do what all lovers do, flatter falsely and swear.
Meet your deadline, sing with a lying heart — or bust!

Cuntrora

Sto menato ncopp' 'o lietto,
sto guardanno nnanze a me,
tengo 'o sole de rimpetto,
dinto 'o core tengo a tte!

Sento 'e vvoce d' 'a cuntrora,
sento 'a gente cammenà,
nu rilorgio sona ll'ora,
nu guaglione chaimma: «Oi ma'! . . . »

Tu che faie? Forze 'e nucelle
spuzzulie sott' 'a perziana,
o fatiche, a tummarelle,
nu merletto a nu volà! . . .

E accussì mme miette 'n croce,
c' 'o merletto e cu' 'e nucelle,
e pazzie cu' 'e tummarelle
comme faie pure cu me . . .

Ah! putesse io nu mumento
farte chello ca mme faie,
darte 'a smania ca mme sento,
farte chiagnere pe me!

E menato ncopp' 'o lietto
guardo, guardo nnanze a me . . .
Tengo 'o sole de rimpetto . . .
dint' 'o core tengo a tte!

Siesta

I am stretched out prone on my bed,
staring ahead at high window panes;
a sun intrudes my privacy;
my sun is enshrined in my heart.

I hear the sounds of the siesta,
the busy are strolling below,
a clock sounds the lazy hour,
a moppet calls her mother: "Ma . . ."

What are you doing, shelling nuts
under the yellow striped awning?
I hear the clicking of nimble needles;
I see a lattice of lace on your lap.

In this same manner you core out
all affection for me, all hope.
You toy with bobbins as you toy with me.
You have crochet me to a Cross!

Ah! if I could do the same to you,
to give you dates of my rages
that I endure, to make you cry
my tears in this lonely bed!

Listless on this faded mattress,
I turn to face the shade; my eyes
are blinded by those restless rays
of that other sun: you, in my heart!

Nu sbaglio

— Cche ffaie lloco, vicchiariello,
sott' a st'arbero assettato?
E a chi aspiette, 'int' 'o mantiello
tutto quanto arravugliato?

— Chi mm'ha data appuntamento,
figlio mio, mo venarrà;
ccà ll'aspetto, e so'cuntento:
pe ccà nnanze ha dda passà.

Ma si siente a n' ato ppoco
na ventata fredda e forte,
figlio mio, scostete 'a lloco:
nun guardà! . . . Chi passa è 'a Morre. —

E 'a ventata fredda e forte
sciusciaie quase llà ppe llà:
a passaie, currenno, 'a Morte:
e afferraie, senza guardà.

Ah! Che strillo se sentette
sparpetà p' 'o viento 'e marzo!
Sulo, 'o viecchio rummanette:
'o guaglione era scumparzo . . .

A Mistake

"What are you doing there old man,
nodding under that bolt scarred tree?
Who are you waiting for so long,
wrapped up in your rough woolen cloak?"

"The One who arranged this late meeting,
my son, will soon appear to me;
of this I am sure, he must pass by;
I will be patient, I don't mind.

If you feel a blast of cold wind
that sweeps away men and leaves,
my son, do get out of the way,
don't look. Death is scything ahead!"

The wind he warned of struck then and there,
clammy as the skin of serpents;
broadly it cut a swift swath,
blind to what fell before the blade.

Oh! what shrieks and cries were heard,
the anguish of the last wind in March!
The old man still sat under the tree,
the young man was not seen again.

Vurria...

Vurria c'uno, 'int' 'o suonno, me pugnesse
cu n'aco mmelenato:
doce doce accussì mme ne muresse,
senz'essere scetato,
senza sentì e vedé...
Ma... nn' 'o vurria sapé...

Nu miedeco vurria ca mme dicesse:
«Tu staie buono malato!»
E ca pe mmedicina acqua mme desse,
e sanato, e ngannato
io vurria rummané...
Ma... nn' 'o vurria sapé.

Vurria c'a n' ato mo tu te truvasse,
a n' ato nnammurato:
ca felice e cuntenta tu campasse,
e d' 'o tiempo passato
te scurdasse, e de me...
Ma... nn' 'o vurria sapé!

My Viaticum

Oh! that someone would pierce me while sleeping
with a poisoned needle:
drip by drip I should wish to die,
don't revive me,
to see nothing, hear nothing . . .
But . . . don't tell me when it happens!

A doctor calling should say:
"You are good and sick!"
Prescribes water from the tap,
fooled, but, in accord,
I wait for the chill hand . . .
But . . . don't tell me when it happens!

I also wish you would find another lover
to console you;
live on you must,
and with time
you will forget me . . .
But . . . don't tell me when it happens!

Lassammo fa' Dio...

'A dummeneca 'e Pasca
d' 'o mille e noveciento, 'o Pateterno
(ca s'è susuto sempe 'int' 'e primm'ore)
di buonissimo umore
se scetaie mmerz' 'e sette,
fece chiammà san Pietro e lle dicette:

— Pie', siente, stammatina
è na bella iurnata
e ll'aria è fina fina:
vurria fa' na scappata
'n Terra. Che te ne pare?
— Mah! — dicette san Pietro —
(santo napulitano e, mparaviso,
capo guardapurtene)
mah... Lei siete il padrone!
Vulite vedé 'a Terra? E fate pure...
Però... vedete...francamente, 'a Terra
è nu poco afflittiva.
V'avesse disgustà?...
    — Ma che! Che dici!
Su, vèstiti! Scendiamo!...
Dove si fermeremo? Dove andiamo?...
Napoli!... Che? Ti pare?
    — Eh! Sissignore;
se dice: Vide Napule e po' muore! —

E senza perder tempo, llà ppe llà,
san Pietro se vestette comilfò:
nu pantalone inglese a quadrigliè,
nu gilè (comm' 'o pòrteno 'e cocò)

In God's Hands

On an Easter Sunday
in the year 1900, the Eternal Father
(who always rose early)
awakening around seven
in good humor,
he had Saint Peter paged:

"Pete, listen, this morning
looks like the beginning of a lovely day
the air is brilliant:
Would you care to join me
in a stroll on Earth? What do you say?"
"I don't know," said Saint Peter.
(This Neapolitan saint in heaven
is the chief gatekeeper.)
"But, if you wish, you are the master here,
you wish to visit Earth? So be it.
However, be warned — frankly — the Earth
is a bit troubled these days.
Might it upset you?"
       "How you exaggerate!
Move it! Get dressed! Let's descend.
Where shall we go? This is exciting. Naples? Your city?"
"If you like," said Saint Peter dully.
On postcards it reads: *See Naples and die!*

No more foot dragging,
Saint Peter spiffed up:
checkered trousers of English cut,
boulevardier vest,

tutto piselli verdi in campo blu,
cappiello a tubbo, cravatta a rabà,
scicco stiffelio di color rapè,
e un piccolo bastone di bambù.

— Sto bene? — Elegantone! . . .
Andiamo dunque! — E ghiammo . . .
Quanto mme piglio 'e guante . . . —
Ed in un batterdocchio eccoli a Napoli,
in mezzo piazza Dante.

'O Patre Eterno vutaie ll'uocchie attuorno,
scanzaie nu tramme, se mettette 'a lente,
e proprio come un semprice murtale
(ma però con accènto forastiero),
dice: — Sai, caro, ma l'è mica male
questa vostra città! Mia fa piacere
assai di rivederla:
ci mancavo dal secolo passato . . .
Ma proprio ha molto, molto migliorato!

La statua qui davante
cosa l'è? L'Aligherio? . . .
— No, — dicette san Pietro — questo è Dante . . .
Grand'uomo! . . . E questa sulla mano destra
è la famosa chiesa 'e San Michele:
quello è il Liceo Vittorio Emmanuele:
più sopra c'è il Museo. Questo, rimpetto,
è il caffè di Diodati.
Ce vulimmo assettà diece minute?
— Entriamo pure. — E 'o Signore trasette
in quelle belle sale ornamentate,
e san Pietro dicette al cammariere:
— Favorite due mezze limonate. —

pea green against a field of blue,
a high hat, a cravat, a raba,
sleek boots of turnip yellow,
and a slender bamboo cane.
"How do I look?" "An elegant dandy!
All set . . . ?" "A moment,
I forgot my gloves."
So, in the flick of an eyelash,
both set foot on the Piazza Dante in Naples.

The Eternal Father gawked like a tourist,
dodged a tram, and put on his glasses,
as a simple mortal would,
and opined (in a remote accent) —
"Dear companion, you almost discouraged me,
your city appears much improved
since I was here more than a century ago!

That statue ahead
is it *L'Algherio*?
"No," said Saint Peter, "it is of Dante.
A great man! What you see on your right
is the well known church of Saint Michael:
there, the Liceo Vittorio Emmanuele:
up ahead the Museo. Here opposite
is the Caffè Diodati.
Would you care for a libation?"
"By all means." God sauntered into
a well fitted dining room.
Saint Peter called the waiter:
"Favor us with two lemonades, please."

Erano 'e ddiece e mmeza
e 'a iurnata era bella: A mille a mille
passiàveno 'e ggente
pe mmiez' 'a strate e ncopp' 'e marciappiede;
e vedive mmiscate
femmene, uommene, gruosse e piccerille,
nutricce, serve, priévete e surdate . . .
— Oh, qual vista gentile!
(dicette 'o Pateterno
pusanno 'o cucchiarino)
ma com'è che si dice,
caro quel mio Pierino,
che la Terra è infelice?
Ma guarda, guarda un po' che movimento,
che scena pittoresca a che allegria!
Via, son proprio contento! . . .
Be'? . . . Pietro? . . . E parla, vecchio brontolone!
Non sei della mia stessa opinione?

— Sì, — rispunnette 'o viecchio — e opera vosta
è certamente tutta chesta ccà:
certo: chi 'o ppò negà? . . .
Però . . . Vi siete presa 'a limunata? . . .
— Sì, ho finito . . . — Embè, usciamo.
Signori, a tutti! . . . — Bueona passeggiata!
— Dunque dicevi? — E c'aggia di'? . . . Guardate!
Tenite mente attuorno! . . . Che bedite?
Che ve pare? . . . Dicite.

The Piazza clock struck ten-thirty,
of every busy day:
the populace by the thousands
walked, ran, skipped
in the gutters, along the curb, on the sidewalk:
such a rich diversity
women, menfolk, large and small
nurses, servants, priests, soldiers —
"This is a scene to delight my heart!
said the Father Eternal,
setting down his teaspoon.
What made you say earlier
with a solemn face
that the Earth was not a tolerable place!
As for me, I am gratified by what I see,
such animation, how picturesque, the sunny faces!
So, Peter, you old grumbler,
speak, don't you agree?"

"As you say," answered the old saint, warily.
"This is your handiwork
Who can deny it?
However have you drunk your lemonade?"
"Yes, it was excellent."
"I'll pay the check, and we shall walk on a bit."
"Good day to all you gentlemen!"
"Enjoy your walk!"
"Peter, you were about to say more?"
"What can I say? We are cross town Naples.
What do you see?
Do my words avail? What are you thinking?"

'A carità!...

Dio Guardaie — spaventato. Mmiez' 'a strata.
stuorte, struppie, cecate,
giuvene e bicchiarielle,
guagliune senza scarpe,
vicchiarelle appuiate a 'e bastuncielle,
scartellate, malate,
e ciert' uocchie arrussute
chine 'e lacreme — e mane
secche, aperte, stennute ...

— 'A carità! ... —
Sta voce
'e voce a centenara
sentette, 'a tutte parte,
disperate, strellà:
e quase lle parette
dint' a n'eco e 'a luntano,
sentì 'o stesso lamiento:
   — 'A carità ... —

Cu na resella amara,
e allisciannose 'a barba 'a franciscana,
san Pietro suspiraie: — Nun c'è che fa'! ...
Mo nu' ve trasturnate,
sentite a me: mo iammuncenno 'a ccà:
piuttosto quando siamo in Paraviso
se ne riparlerà ...
— Come? ... Non ho capito ... —

Alms!

The Lord surveyed all,
as only He can,
stricken by what He saw
the throng in the streets:
cripples, holding on, or dragging their bent bodies,
the deformed
the blind; rickety young and the aged,
barefoot children,
canes and crutches like kindling
amputees, eyes reddened by tears,
a sea of sickly hands
palms open, begging —

Alms!
Hundreds of voices
joining in one plaint,
throats raw with the cry,
a reflex to every pain,
every pang of hunger,
loss of hope,
a lamentation that echoed
and fell, on a dying note
Saint Peter, his face drawn,
smiled wryly, stroked his Franciscan beard,
sighed deeply: "Now don't distress yourself.
Nothing can be done.
Let us leave now; back in Paradise,
we shall speak of it again."

The Eternal Father
was mumbling to himself, shaking his head:
"But how can this happen? I don't understand."

   'O Padre Eterno
capuzziava, parlava isso sulo,
teneva mente in aria . . . Tutto nzieme
fece segno c' 'a mano. E nu lenzulo
scendette sulla Terra lentamente.
Io stendettero a terra in piazza Dante
nu centenaro d'angele
tutte vestute 'e velo —
nce ammuntunaino, dinto, 'e puverielle,
e s' 'e purtaino ncielo . . .

                                                                 'A mappata.

Figurateve nu poco
sta mappata ca pe ll'aria
ogne tanto s'abbuffava,
se sbuffava — e viaggiava
ncopp' 'o viento — chiena 'e strille,
chiena 'e ggente. — Cchiù de mille!
Figurateve nu poco
che nzalata e c' ammuina!
Chi chiagneva, chi rereva,
chi alluccava: — I' mo mm'affoco! —
Chi cantava — chi chiammava:
— Neh, Totò! . . . — Peppì! . . . — Giovà! . . .
Donn'Anié! — Don Ferdinà! . . .
— Mo addó iammo? . . . — E ba'nce 'o spia! . . .
— Chi s' 'a fatta 'a pippa mia? . . .
— Prufessó! . . . — Pronto! . . . — Addó state?
— Sto cchiù ncoppa . . . — A voi! Sapete,
abbarate addó sputate! . . .
— Ma che ghiammo 'int' 'o pallone?! . . .

His eyes sought the sky, then decidedly,
he gave a hand signal:
a great expanse of a white sheet
chuted softly to earth
billowing across the cobbled square,
hundreds of angels in gossamer veils
held the corners, they
bundled the unfortunates into its folds,
the angels buoyed the bundle higher and higher,
into the blue sky.

Imagine
this mass of wriggling misery
in this sheet which bellied,
airborne at the mercy of the angels;
crammed tightly, screaming.
Can you imagine it all?

The bundle.

Such a commotion,
such a salad of souls.
Who cried, some laughed giddily.
Who was yelling: "I am about to suffocate!"
Some sang mindlessly; others called out:
"Where are you, show yourself,
Peppe, Donn'Anna, Don Ferdinand —
"Where are we going?"
"Careful, there might be a spy among us."
"Professor, where are you?"
"Where is my pipe?"
"Just above you."
"Hey! Watch where you are spitting!"
"Where is this balloon going?"

— Pe', tenisse nu muzzone?...
— Bu! bu! bu!... — Chi è?!... Passa llà!...
— Nun buttà!... — Sode cu 'e mmane!...
— Neh, chiammateve a stu cane!...» —

Appena miso pède mparaviso
ll'angele mmiez' a ll'erba 'e na vallata
se fermaino mparanza
e pusaino ' a mappata,
ca pe ddui tre minute se muvette,
ruciuliaie pe terra e, tutto nzieme,
s'arapette essa stessa. E se sentette
'a voce 'e n' ommo ca diceva a ll'ate:
— Uscite, miei signó, simmo arrivate!...

'A tavuliata.

Mmiez' a nu scampagnato, addó nasceva
vicino ' a viuletta 'a margarita,
ncopp' a ll'èvera corta, ca luceva
comm' 'o velluto nfuso,
quatto tavule, pronte
e apparicchiate e ll'uso
d''e meglie risturà,
pareva ca dicessero: — Venite!
Favurite a mangià!... —
E che ce stava esposto! 'A meglia carne,
'o meglio pesce, 'e frutte cchiù assurtite,
cchiù gentile e cchiù ffine:
'a mela, 'a pera, 'o fenucchiello, 'a fava,
'a nanassa, 'o mellone,
ll'uva, 'e nnoce, 'e bbanane, 'e mandarine,
e tutto 'o bbene 'e Dio fore staggione.

"You got a butt?"
"Bu bu bu bu." "Who is it?"
"Don't step on my toes!"
"Don't shove! Mind your hands!"
"Hey. Call off this dog of yours!"

On reaching Paradise
the angels gently piloted the bundle
to a landing in the open grove
of a valley, as on a tarmac,
the bundle opened flat,
an angel in charge, gave the call clear:
"All out, ladies and gentlemen, we have arrived."

The picnic.

In a picnic grove,
bordered by violets and daisies
the guests saw dining tables arranged on a lawn,
bedewed like wet velvet,
as in the best restaurants,
inviting one and all to dine well!
all prime meats, what a spread!
Fresh trout, assorted fruit,
the season's selections,
apples, pears, finocchi,
fava beans, pineapple, melons,
grapes, nuts, bananas, mandarins,
out of season oranges,

Vine paisane, e vine mbuttigliate
col sùvero d'argento e l'etichetta,
liquori delle fabbriche premiate,
curassò, strega, cummel e anisetta:
e in mezzo a questi (ne fa'na surpresa
a quacche puveriello furastiero)
preffino il vischisodo a marca inglesa!...

Avite ntiso maie
Miseria e nubiltà?

Ve ricurdate quanno Sciosciammocca
e chill' ati stracciune,
con l'acquolina in bocca
guardano ncopp' 'a tavola 'e mangiá
chella bella zuppiera 'e maccarune?

Non vi dico altro. Pe quase mez'ora
ato nun se sentette
(mmiez' a tutta sta gente
ca mangiava, bbeveva,
e sciglieva a piacere)
ca 'o rummore d' 'e piatte e d' 'e furchette
e 'o ndrì d' 'e butteglie e d' 'e bicchiere.

E all'ùrdemo d' 'o pranzo
(nu poco fatto a vina)
s'aizaie nu cecato
'e na trentina d'anne.
Doie tre vote tussette,
s'adderezzaie, sputaie, fece n'inchino,
e stu brìnnese, a voce auta, facette:

local wines, and estate
with silvered corks,
liqueurs premières,
curasol, strega, kummel, anisette.
And as a surprise
to a foreigner stranded in this company,
Vichy sode of English provenance.

You heard of the play,
Misery and Nobility?
That scene where Sciosciammoca
and his tatterdemallion pals
are envying characters
who are eating a mound of macaroni,
mouths are slavering a stream.
Any onlooker of this picnic would act the same.

You get the picture?
You heard the sounds
of this picnic
à la carte: clatter of dishes,
tinkling of glasses,
clinking of silverware (real silver).

When it subsided,
a blind man rose from his chair,
about thirty years of age,
he coughed three times to gain attention,
bowed in a vague direction
raised his glass in a toast,
and began in a chairman's voice:

'O brìnnese.

— Cumpagne e care amice! Premmettete
c' a stu bello signore,
ca nce ha fatto l'onore
'e ce mmità ccà ncoppa
e bèvere e a mangià,
io gli rivolgo nella sua presenza,
come attestato di ricanoscenza,
quatto parole p' 'o ringrazià!

Grazie, grazie, signo'! . . . Grazie! Vv' 'o dico
a nomme 'e tutte chieste sfurtunate,
ca se so'saziate,
e ca p' 'a primma vota,
senza stennere 'a mano,
mmiez' a ll'aria addurosa 'e stu ciardino
hanno pruvato 'o broro, 'a carne, 'o vino! . . .
Ccelenza! E cumpatite sti pparole,
ca so' napulitane
e nun so' ttaliane
comme ve mmeretate!
Io nun aggio pututo sturià!

Nun me pozzo applicà! . . .
Guardate! . . . Io nun ve veco! 'A che so'nnato
io nun beco a nnisciuno! . . .
Se' cecate, guardate . . . So' cecato! . . .
Ccellenza, a che piatà! . . . —
'A voce lle mancaie. Chiagneva . . . 'A mano
ca teneva 'o bicchiere
s'acalaie chiano chiano
e 'o pusaie ncopp' 'a tavula. Isso stesso,
comme si 'o vino 'o fosse risturbato,

The toast.

"Companions and dear friends,
permit me, on your behalf,
to thank the generous person,
who has honored us
by this banquet.
My poor words cannot thank him enough!
Raise your glasses to a heaven above us,
if this is not heaven itself!

Thank you, thank you, Excellency, thank you.
We are deeply grateful,
we have satisifed our hunger
for the first time in our lives,
no need this day to stretch a hand
to beg alms.
In this fragrant garden
we tasted broth, meat and wine,
Excellency, be indulgent to what I say,
for I am Neapolitan,
and not Italian,
and you might think deservedly,
I was never able to study,
how could I apply myself?

Look at me well, you see that I am blind,
I was born blind, and never saw my mother.
I am blind! Yes! Blind!
Excellency, it is such a pity —
and too, my dear companions —"
His voice faltered, his head sank to his chest,
his glass dropped lower, he reset it on the table.

se chiaie lentamente int' 'e ddenocchie,
e, cadenno assettato e abbandunato,
fissaie dint' 'o bbaccante 'o gghianco 'e ll'uocchie...

Nonnanonna.

. . . .
— Oi Suonno, Suonno!...

Suonno, ca te ne parte 'a ll'uriente,
e nun t' abbence prencepe o rignante,
oi Suonno, e vienetenne lentamente,
e, mpponta 'e pède, férmete ccà nnante...
E, si si' piatuso e si' putente,
stienne sta mano, e adduorme a tuttuquante...

Vienece, Suonno!...

Te manna san Giuseppe 'a Bettalemme,
e, sotto 'a porta, chi te mmosta 'a via
cu nu ramo 'e viole,
è 'a Vergene Maria...

(E chi te chiamma ccì, Suonno, tu 'o ssaie,
so' chille ca cuntente
nun se scetano maie...)

Vienece, Suonno!...

(E tu nchiudele ll'uocchie doce doce,
comm' 'e nchiudiste a Giesù Criso ncroce...) —

☆

Overpowered by the wine,
he slowly fell to his knees,
then he rose, and regained his seat,
his whitened eyes fixed in vacancy.

Lullaby.

. . . .
"You there, Oh Sleep! Oh Sleep.
Oh Sleep that rises in the East,
and obeys no prince nor king.
Oh Sleep, approach softly
on tiptoe, linger awhile,
and, as you are a person of compassion,
raise your hand above them
and, lull them to rest in sleep.

Come, Oh Sleep!

I shall send Saint Joseph of Bethlehem,
who is nearby,
to lead you here with a branch of violets
belonging to the Virgin Mary . . .

(You know, Oh Sleep,
that some who call you,
never wish to awaken.)

Come, Oh Sleep.
(Close their eyes so gently, so gently
as you closed the eyes of Jesus Christ on the Cross.)

'O Suonno s'accustaie... Ma n'ombra nera
lle cammenava appriesso,
n'ombra longa e liggiera,
c' appena isso 'a vedette e se fermaie —
s' acalaie, ll'afferraie,
s' 'o strignette 'int 'e bbracce forte forte,
e, cu nu filo 'e voce,
lle dicette: — Vatténne!
Famme passà. So' 'a Morte...

— E mo che dice?... — dicette a san Pietro
'o Patre Eterno — guarda!
Nun è meglio accussì? Tutta sta gente,
turmentata e nnucente,
mo ncopp' 'a Terra che turnava a fa'?...
Doppo n'ora felice c'ha passata,
guarda, è passata 'int' a l'eternità...

— Là!... Guardate!...Là... là!... — c' 'a mano stesa
e trattenenno 'o sciato,
san Pietro lle mmustaie ca quaccheduno
ch'era rummaso aizato
mo se vutava attuorno — e se muveva...
— Là!... Na femmena!... —
E chella,
comme fosse mpazzuta,
cammenava, curreva,
nciampecava e cadeva,
e s'aizava... E fuieva...

Sleep approached,
an elongated shadow,
dogged his footsteps,
reaching Sleep, he bowed,
clasped him
in his spectral arms,
and said: "O Sleep, go back, let me pass,
you know me,
I am Death."

The Eternal Father turned to Saint Peter:
"Do I do well? Isn't it better this way —
that these anguished and innocent people,
be not allowed to return to earth?
What will they do there, after this hour of felicity?
See how blithely,
they will pass on to Eternity!"

"There! Look! Look! There — there —"
holding his breath, Saint Peter was pointing,
some one was standing,
among the motionless,
"There!"
"It's a woman!"
And she
was gesticulating wildly,
confused,
picking a way among the bodies.

— Chiammàtela! Addó va?! . . .
— Zitto! . . .— dicette 'o Padre Eterno — zitto . . .
Lass' 'a fa' . . . lassa 'a fa' . . . —

> *Cade 'a cielo, 'a mammarella,*
> *puverella, puverella . . .*

Curreva, fuieva
pe nnanz' 'e cumpagne passanno
(ca nun se muvevano cchiù),
sperduta, — abbeluta,
chiagnenno, tremmanno,
mpauruta, — sbattuta,
curreva, curreva 'int' a ll'ombre
e dint' 'o silenzio d' 'a sera,
Nannina *'a pezzente* . . .
E, senza sapé cchiù addó ieva,
curreva, curreva . . .
Nfi' a che — tutto nzieme —
uh Dio! . . . se sentette
mancà sott' 'e piede 'o ttereno . . .
E 'a cielo cadette . . .

Scinne, scinne, puverella
ca — 'int' 'a notte chiena 'e stelle —
na palomma 'e notte pare
cu nu trièmmolo 'int' 'e scelle . . .

Scinne nterra, palummella,
passa 'e monte, passa 'o mare,
vola, sciúlia, scinne . . . Va,
ll'aria è 'a toia. Te porta 'o viento
si te stracque e t'abbandune . . .

"Call her! Where is she going?"
"Be still, Peter, be still," said the Eternal Father,
"Let her be, let her be."

> *A little mother fell from*
> *the sky, poor thing, poor thing.*

Circling aimlessly,
she tore at her breast,
leaping over her inert companion
scratching her face, moaning,
disheveled, one shoe missing,
yet she runs on and on —
dodging the shadow of Death,
It is Nannina, the beggar,
lost in every direction,
Oh! God! she is stumbling,
lost her footing —!
tumbling from the edge!
Falling!
Falling!
Fall—ing!

Descend, descend, poor thing.
You are a dove of the starry sky,
whose trembling wings pitch downward,
scorning the stars.

Fall to earth, little dove!
Over the mountains,
Beyond the seas,
Fly on, glide, soar, go,
The emyprean is all yours,
Don't feel abandoned, courage —

Quanta miglie staie facenno?
Nu minuto e nne faie ciento —
e quanti' ate, p' arrivà! . . .
Ma mo luceno, 'a luntano,
luceluce a mmeliune . . .
E so' lume! . . . E 'a luna, 'a luna
già fa 'o mare nnargentà . . .
Scinne — scinne . . . Si' arrivata . . .
Guarda . . . 'A i' llà . . . Napule! 'A i' llà! . . .

       Mammarè, ringrazio Dio . . .
Nanninella *'a pezzente*
guardaie ccà, guardaie llà, s'urizzuntaie,
e truvaie finalmente
'a via d' 'a casa soia. Sunava ll'una
a Sant'Eliggio. E dint' 'o vico scuro
sciuliava ncopp' 'o muro
nu raggion 'e luna.

— Ninno!
Ninno!
Sto ccà! . . . Mamma è turnata! . . . —
E 'a porta, mez'aperta e meza nchiusa,
'e nu vascio vuttaie cu na spallata.
Trasette 'e furia. Currette addó steva
nu piccerillo dint'a nu spurtone . . .
S'acalaie . . . Chillo povero guaglione,
c'appena appena teneva nu mese,
sennuzziava, cu 'e manelle stese . . .

How fast you are traveling.
Let's say: 100 miles per one minute!
And how many more
Until you arrive?
Lights ahead!
A thousand lights on the horizon!
Lamps!
And the moon has silvered the sea!
Descend, descend; you have arrived!
See, below, there it is, Naples!

Little mother, thank your God.

Nanninella, the beggar,
swept the rooftops with her eyes,
spotted the bell tower of Saint Eligio,
near the alley of her hovel;
one o'clock struck; in that noisome alley,
on top of a wall,
fell a moonbeam.

"My baby!
My baby!
I am here! Mama is back!"
She shouldered the door open,
and stumbled to a corner of the room
where a baby was whimpering,
in a straw basket,
it was a baby boy,
only a month old;
his arms outstretched.

Lassamma fa' Dio...

Nanninella *'a pezzente*
ll'arravugliaie dint' a nu sciallo viecchio,
s' 'o pigliaie mbraccia — s' 'o strignette mpietto,
e dint' 'o chiaro 'e luna,
e asciuttannose ll'uocchie a 'o mantesino,
lle dette latte — e s' 'addurmette nzino . . .

In God's hands!

Nannina, the beggar,
wrapped him in a ragged shawl,
held him against her breast,
hugging him tightly
in the full light of the moon;
while nursing the baby,
she wiped away her tears with an apron,
and soon, both fell asleep.

L'ortenzie

St'ortenzie ca tenite 'int' a sta testa,
che ll'adacquate a fa'? Nun l'adacquate:
levatennèlle 'a fora 'a sta fenesta,
nun 'o bedite ca se so'seccate
st'ortenzie ca tenite 'int' a sta testa?...

È na malincunia: sta pianta è morta;
se ne cadeno 'e sciure a ffronne a ffronne,
c 'o viento, bella mia, piglia e ss' 'e pporta,
e chi sa che ne fa... se ll'annasconne...
È na malincunia: sta pianta è morta!

Morta nziemme cu nuie. Muorte nuie simmo:
nun ce penzammo cchiù, nun ce parlammo,
nun ce vedimmo cchiù, nun ce screvimmo...
E se pò chiammà vita? E nuie campammo?
Meglio, meglio accussì: muorte nuie simmo.

Viento, ca spierde 'e sciure spampanate,
spàrtece pure a nuie, spierde st'ammore:
asciutta tanta lacreme spuntate
dint' a chilli bell'uocchie e 'int' a stu core,
viento, ca spierde 'e sciure spampanate...

E comm' accuminciaie, comm' è fenuto
st'ammore nuosts e tu fance scurdà:
ietta 'o tterreno ncopp'a stu tavuto,
e fallo sottaterra cunzumà...
Ah, comm' accuminciaie!... Comm' è fenuto!

The Hydrangea

Why do you water the hydrangea
in that pot on the window sill so stark?
Remove it from view, don't water again.
Can't you forsake this thin, withering plant? . . .

Sad to tell, but your hydrangea is dead,
desiccated flowers crumble to brown dust,
whirled and scattered to far hiding places,
known only to the raw wind and its whims.
Sad to tell, but your hydrangea is dead.

Died, when our love died, we are dead, too,
we think not of each other, we don't speak . . .
we don't meet, we don't write fervid letters . . .
Is this what we call living? I think not.
Better so, dead we remain in our sights.

Wind, you who strips these flowers so cruelly,
blast us apart, that we lose each other;
dry all acrid tears shed by our eyes,
that overflowed and drowned a sunken heart.
Wind, you who strip these flowers so cruelly . . .

I speak to you to rid us of this love,
sweep our minds bare of the beginning,
and the ending, cloud all memories.
Heap earth upon our lowered coffins,
Let this love moulder in the deepest grave.

Serenata napulitana

Dimme, dimme, a chi pienze assettata
sola sola addereto a sti llastre?
Nfacci' 'o muro 'e rimpetto stampata
veco n'ombra e chest'ombra si' tu!

Fresca è 'a notte: na luna d'argiento
saglie ncielo e cchiù ghianca addeventa:
e nu sciato, ogne tanto, d' 'o viento
mmiez'a st'aria se sente passà...

    Ah, che notte, ah, che notte!...
    Ma pecché nun t'affacce?
    Ma pecché, ma pecché me ne cacce,
    Catarì, senza manco parlà?...

    Ma ce sta nu destino,
    e io ce credo e ce spero...
    Catarì! Nun è overo!
    Tu cuntenta nun si'!...

Catarì, Catarì, mm' e' lassato,
tutto nzieme st'ammore è fenuto:
tutto nzieme t' e' sciveto a n'ato,
mm' e' nchiantato e mm' e' ditto bonnì!

E a chist'ato ca mo tu vuo' bene
staie penzanno e, scetata, ll'aspiette:
ma chist'ato stasera nun vene
e maie cchiù, t' 'o dico io, venarrà!...

Neapolitan Serenade

Tell me, tell me, what are you thinking of,
alone behind those fastened windows?
I spot a shadow on the nearest wall,
a painter's dark portrait of your beauty.

The air ravishes, the moon is pure silver,
fuller still, as it rises above us,
now and then a soft zephyr, light as breath,
surrounds me, brushes my lips, and sighs.

> Oh, such a splendid evening, the starred sky!
> Why don't you show yourself at the window?
> Why do you shun me, hide behind the shades,
> Catari, for no reason, not one word?

> I believe in no fickle destiny,
> I count on it, so I linger in hope . . .
> Catari, it is not true when you flaunt
> your lucky fate, unhappy you are this night!

Catari, Catari, you jilted me
just like that, flat, no hint, none!
You invited him to your balcony,
I, desperate; you quit me: a Good Day!

Your paramour for whom you are yearning
is nowhere near. Restless with desire,
you cannot sleep, think, you are wide awake,
take my word, he is not meeting you ever!

No! Nun vene, nun vene . . .
Ll'aggio visto p' 'a strata
cammenà core a core cu n'ata,
e, rerenno, parlaveno 'e te . . .

Tu si' stata traduta!
Tu si' stata lassata!
Tu si'stata nchiantata!
Pure tu! Pure tu! . . .

No! He is not coming! He will not show;
I saw him strolling on the avenue,
arm in arm with his vamping favorite,
both laughing gaily, they were discussing you.

You have been two-timed!
You have been jilted!
Bewitched, as I by you!
Your turn! I bid you: a Good Night!

'E llacreme d'ammore...

'E llacreme d'ammore
so' ddoce pe chi 'e cchiagne.
Ammore è nu dulore
ca, quanto cchiù se lagne
chi 'o prova, cchiù è felice.

E 'o ssape — e nun 'o ddice.

Nun t'avantà, si asciutte
tènere st'uocchie saie!
D' 'o ffuoco c' arde a tutte
tu pure abbambarraie!
Tu, ca nun si' felice.

E 'o ssaie — ma nun o' ddice...

Tears of Love

The tears of love are not salty
to those who are crying alone.
The taste of love is not bitter
when you purge the heart of wronged love.
Better to cry than not to love.

You know it's true, you laugh it off.

Don't brag because your eyes are dry,
there is tinder in your face;
ardors of love consume us all,
how will you quench your light amours?
Ah! you are not bothered at all!

You never cried, never loved.

Dint' 'a villa

Mare, liscio e turchino,
addó pare nchiuvata
ncopp' a ll'acque na vela
ianca, ca s' è fermata;

cielo, celeste cupo,
ca 'int' a st'acque te mmire;
e tu, viento liggiero,
ca mme puorte 'e suspire

'e st'arbere d' 'a Villa,
e sbatte cu sti scelle,
e curre, ncuitanno
'e ffuntane e ll'aucielle;

sentitela! 'A sentite?
St'anema ve risponne...

E s' 'a pigliàino 'o viento,
'o cielo puro, e ll'onne...

A View from a Villa

From my seaside villa I spy
a white sail, steady on the bay;
a slant of silk, mindless of drift,
dead, midst a shimmer of turquoise.

The sky, a canopy of blue,
mirrors itself on glassed waters;
a breeze flutters the stark still sail,
wafting a breath of sighs to me;

that frolics in stone fountain spray,
ruffles the crest of birds;
along remembered paths it glides
seeking on wings of soft zephyrs.

I hear my name! Is it you? Yes!
A lover's lament! I respond!

A sudden surf, a squalling gust
wrecks the cries; to part us ever.

'O tiempo

— Viene; assettete ccà. Doppo te dico:
pecchè faie buono 'e mme cercà cunziglio.
Conteme, mo; cunfidete cu mmico...
    Va, va dicenno, figlio. —

E io, tremmanno, dicevo: — Una sultanto,
mmiez' a tant' ate morte 'int' a stu core,
una ca 'o stregne e 'o strazia tuttuquanto,
    una sola nun more!

È abbrile: è primmavera... E io 'a sento... 'A sento
ca passa e parla mmiez' a st'aria doce...
Mm' 'a veco nnanz' a st'uocchie ogne mumento,
    e nn'anduvino 'a voce... —

— Sì, sì...— dicette 'o viecchio — io te capisco:
e 'o ssaccio tutto chello ca te pare
'e sèntere e vedé... Te cumpatisco...
    Sì, sì: so' ppene amare...

Quant'anne tene? È bbona o è malamente?
Comme se chiamma? È bionda? È brunettella?
E te vo' proprio bene overamente?
    E comm' è? Comm' è? Bella?... —

Scennevano d' 'a sera chiano chiano
ll'ombre e 'o silenzio, e fredda mme passava
ll'aria pe faccia...'O vecchio, cu na mano
    ncopp' 'a mia, mme parlava...

Advice to the Young

"Sit beside me, later I'll tell you why;
you are very wise to seek my advice,
count on me well, confide in me wholly,
    speak, you were saying, young man?"

And I, hesitating, began my woes:
"Only one among my love affairs
still strangles my heart, tears it to pieces,
    singular, it will not die.

It is April, Springtime; I feel her by,
hear her sweet voice in the vernal air;
I have such visions of her day and night
    where I know every sigh."

"Yes, yes," said the old man. "I understand,
I can imagine what you feel, see, hear,
I so sympathize with your acute state,
    indeed, these are bitter pains.

How old is she? Is she good or wicked?
What is her name? Is she blonde or brunette?
And she is sincere, loves you ardently?
    Is she really all beautiful?"

Evening sifted down at hour glass rate;
shadow and silence, as one, brushed my cheek;
the old man, a worn wrinkled hand on mine,
    was speaking to me softly.

— Ma tu chi si'?... — Ile dicette io — mme sento
già 'int' a stu core mio tutto murì!...
Tutto, tutto mme scordo 'a stu mumento...
    Ma chi si'?... Ma chi si'?... —

E 'o viecchio s' avutaie: mme guardaie fitto...
na mano ncoppa 'a spalla mme mettette:
se fece na resella, e, zitto zitto:
    — Songo 'o Tiempo... — dicette.

"But who are you?" I asked suspiciously.
"All my love affairs are dead or dying!
Now I cannot recall one plight of love!
    But who are you, who are you?"

The old man turned to me with steady eyes,
he placed a hand on my shoulder, and smiled
wistfully, his eyes kindly; he whispered:
    "I am Time."

Ventariello

Aggarbato, frisco e ffino
d' 'a matina 'o ventariello
fa, ogni ghiuorno, 'e stu ciardino
tutte 'e ffronne suspirà.

Chiacchiarea, quase annacosta
mmiez' a ll'ombra, na funtana,
ca, sapenno 'a storia nosta,
'a vo' a ll'arbere cuntà.

«Bene mio! — diceno 'e ffrone —
Nientemeno accussì è nfama?»
E cu ll'acqua, ca risponne,
fanno nzieme uno ciu ciu...

Tanto ch'io ca guardo attuorno
e passeo mmiez'a sti ffrasche,
mme murtifico p' 'o scuorno,
e mme mbroglio a cammenà...

The Busybody Breeze

Agile and aurora born, a breeze
wanders in the lushness of my garden;
sighing among the golden leaves each morn,
trembling with unwonted desire.

A fountain splashes amid a bocage,
gossiping in drop after silver drop,
about our love affair and bitter tears.
We have no secrets in this garden!

"My God!" All the trees and flowers exclaim:
"Do tell! Was she really that mean to you?"
The breeze blows, the fountain flows, *tête à tête,*
the leaves and flowers in rapt attention.

Rambling between the fountain and the trees,
proud master of my verdant villa,
I overhear, am instantly ashamed,
and I tangle, and trip in my own steps!

'E cecate 'e Caravaggio

— Dimme na cosa. T'allicuorde tu
'e quacche faccia ca p' 'o munno e' vista,
mo ca pe sempe nun ce vide cchiù?

— Sì, m'allicordo; e tu? — No, frato mio;
io so' nato cecato. Accussì ncielo,
pe mme murtific vulette Dio . . .

— Lassa sta' Dio! . . . Quant'io ll'aggio priato,
frato, nun t' 'o puo' manco mmaggenà,
e Dio m'ha fatto addeventà cecato.

— È overo ca fa luce pe la via
'o sole? . . . E comm'è 'o sole? — 'O sole è d'oro,
comme 'e capille 'e Sarrafina mia . . .

— Sarrafina? . . . E chi è? Nun vene maie?
Nun te vene a truvà? — Sì . . . quacche vota . . .
— E comm'è? Bella assaie? — Si . . . bella assaie . . . —

Chillo ch'era cecato 'a che nascette
suspiraie. Suspiraie pure chill'ato,
e 'a faccia mmiez' 'e mmane annascunnette.

Dicette 'o primmo, doppo a nu mumente:
— Nun te lagnà, ca 'e màmmema carnale
io saccio 'a voce . . . 'a voce sulamente . . . —

E se stettero zitte. E attuorno a lloro
addurava 'o ciardino, e ncielo 'o sole
luceva, 'o sole bello, 'o sole d'oro . . .

The Blind at Caravaggio

"Tell me something, you still recall a face,
you may have seen on this earth of ours,
now that you see nothing before you?"

"Yes, there is one — and you?" "No, my new friend,
I was born blind, it was God's own willing
to mortify my innocent body."

"God's will! How hard I prayed to Him and Her,
to be cured when I became ill at first!
To what end halfblind pilgrimages to shrines?"

"Is it true the sun shines on every street?
What is the sun like?" "The sun is the glow
of my dear Serafina's golden hair."

"Serafina? Who is this rare woman?
Does she ever visit?" "Yes, once or twice."
"What does she look like? Beautiful?" "Yes, very."

He who was born blind heaved a long sigh,
his companion sighed, too, and hid his face
in his hands, and began to sob deeply.

The born blind man said after a drawn pause:
"Do not complain, dear friend, of my mother
I only recognized her voice."

Then they were both silent in that garden;
fragrant with the bloom of blue jonquils;
the sun, a fillet of golden tresses!

Avite maie liggiuto...

Avite maie liggiuto quacche cosa
ca, zumpanno, v'ha fatto, llà ppe llà,
nu sciore sicco, na frunnella 'e rosa,
nu mutivo 'e canzone allicurdà?

D'allicuorde campammo. A poco a poco
cennere fredda avimm' addeventà,
ma sempe sott' 'a cennere lu ffuocp
d' 'e tiempe bell s'annascunnarrà.

Va, libbro atturniato d'angiulille,
sceta stu ffuoco e nun 'o fa stutà;
nu sciore sicco, nu cierro 'e capille
a che te legge falle allicurdà...

Bookmarks

Have you read a dogeared story
that recalls for you in flashbacks
a faded rose espaliered on a page,
the waltzes of our dancing days?

Living is remembering: relentless,
cold ashes we are at the end of all;
yet, among those cold ashes are embers,
joys of gaiety, kisses, and new wine.

Go, dear book of sweet remembrance,
tell the bright angels to stoke the embers,
where lies a faded rose, a lock of hair;
whoever reads you, remind them of us.

A San Francisco

I

— Vuie ccà!... Vuie, don Giuvà!... Ccà dinto?!... — E' visto?!
So' benuto 'int' 'a cummertazione.
— ... Sango?... — Embè... sango. Mme so' fatto nzisto... E
tu? — Cuntrammenzione 'ammunizione. —

Sunàino 'e nnove. Na lanterna a scisto
sagliette nciedo, mmiez' 'o cammarone:
lucette nfaccia 'o muro 'Giesucristo
ncroce, pittato pe devuzione.

S'aizàino 'a quatto o cinche carcerate...
— E cchesta è n'ata notte — uno dicette —
Mannaggia chillo Dio ca nce ha criate! —

E ghiastemmanno se spugliaie. Trasette
nu secundino. Nfaccia 'e fferriate
sunaie: sbattette 'a porta e se ne iette.

II

— E mo?... — Mo? Nn' 'o bberite? Ce cuccammo.
Tenite suonno? — Poco, 'a verità...
— Nun ve cuccate?... — No. Veglio. — E vigliammo...
Ve faccio cumpagnia, mastu Giuvà.

— E 'o carceriero? — È amico. — E... si parlammo?
— Si ce sente? E che fa? Che ce pò fa'?
Basta, p'ogni chi sa, mo nce 'o chiammammo,
'o mmuccammo na lira e se ne va.

San Francisco

I

"You here! You here, Don Giuva. In this pen!"
"As you see I got lonely for my friends."
"Blood?" "What else? I could stand it no longer —"
And you? "I violated probation."

Nine o'clock, a pulley raised an oil lamp
above their heads in that prisoner's row,
revealing a Christ on the Cross, painted
roughly on a grey wall, a lifer's troth.

Four or five prisoners yawned and cursed God;
"And so goes by another night," said one,
"damn that inhuman God who created us!"

Blaspheming under stale breaths, they undressed.
A keeper banged his club against the bars,
to shut them up, and locked them in the cells.

II

"What happens next?" "Our block must go to sleep!
Are you sleepy?" "To tell the truth not much."
"You won't turn in?" "No, I'll stay awake."
"Then I shall keep you company, Don Giuva."

"Will the goaler mind?" "He's not a bad sort."
"And if we talk? If he hears us?" "So what?
But to keep him from interrupting us,
we will call him and grease him a lira."

— Questa è 'a muneta. — Senza cumprimente
'a cacciasse semp'io . . . Ma ccà, 'o ssapite,
parlanno cu rispetto 'e chi mme sente,

so' zuzzuse, 'e renare so'puibbrite,
e fossero 'e renare sulamente . . .
Zi' . . . Sta passanno 'on Peppe . . .'On Pè! . . . Sentite! . . .

III

Ce sta st'amico mio . . .— Be'? . . . — Mo è trasuto . . .
— Be'? . . .— Suonno nun ne tene . . .— E c'aggia fa'?
— Si premmettete . . . rummane vestuto . . .
veglia . . .— C'ha dda viglià! S' ha dda cuccà!

«L'amico . . .mo è trasuto . . . mo è benuto . . .»
Ma che m'ammacche? A chi vuo'fa'ncuità?
Addó se crere 'e sta'? Ccà è dditinuto:
nun pozzo fa'particularità . . .

— Ce steva na liretta . . . — Comm' e' ditto?
— Aggio ditto ce steva na liretta..
V' 'a proio? . . .— Fatte cchiù ccà . . .Parla cchiù zitto.

E de carta? . . .— Gnernò, so' sòrde . . .— E aspetta . . .
Pàssele chiano chiano . . . aspè . . .che faie?
Va quacche sòrdo nterra e tu mme nguaie! . . . —

"Here is the money." "Under another roof
I would never accept it from a friend,
cell mates rob you, you bribe a guard, you buy a butt —

Besides, we are prohibited to have money,
to live with that injunction I can.
But, there are things I miss more! Don Peppe!"

III

"Meet my dear friend." "So?" "Assigned to my cell."
"And so?" "He can't sleep." "So what's that to me?"
"If you please, he would like to remain dressed,
and awake." "What awake! He hits the sack!"

"My chum friend is new here, it's his first night."
"Don't hand me that crap! You are bugging me!
This is max security, no hotel!
I cannot bend our rules, you know that!"

"There is a small lira —" "What did you say?"
"I said I see a small lira somewhere,
shall I prove it?" "Come closer, lower your voice.

Is it paper?" "No, a coin." "Pass it through
the bars, what are you doing, easy, now,
if it drops and rings, I — easy — it's my ass!"

IV

Pe nu minuto, dint' 'o cammarone,
nun se pepetiaie. Stracque, menate,
chisto 'a ccà, chillo 'a llà, ncopp' 'o paglione
steveno 'a na dicina 'e carcerate.

Duie runfaveno già, vestute e bbuone,
e, mmiez'a ll'ate addurmute o scetate,
mariuolo a dudece anne, 'o cchiù guaglione
vutava attuorno ll'uocchie afflussiunate.

E 'o cammarone se nfucava. 'O scisto
feteva: 'a cazettella ca felava
affummecava 'e ttrave rusecate.

Ll'ombra d' 'a funa nfaccia 'o Giesucristo
tremmava, lenta: e ll'aria s'abbambava
'e ll'afa 'e tutte st'uommene e sti sciate . . .

V

— Dunque — dicette 'o si' Giuvanno Accietto,
assettato cu Tore «Nfamità»
ncopp' 'a nu scannetiello appede 'o lietto —
dunque, aggio fatto 'o guaio: nun c'è che fa'! . . .

'A n'anno nun truvavo cchiù atticietto!
Patevo 'a n'anno! E . . . 'o bbi' . . . Mo stonco ccà . . .
Se fotte! 'O core mm' 'o diceva mpietto
ca nu iuorno perdevo 'a libbertà! . . .

IV

A leaden silence; not one peep in the cell block,
pallets of straw rustled as the men sprawled,
some collapsing, disjointed, like scarecrows.

All in motley bedclothes; many snoring.
Among the habituals and the senile
was a young thief, no more than twelve years old,
crouching, biting his nails, eyes brimmed with tears.

The cell block was thick in kerosene fumes,
a faulty wick blackened the rotting beams;
the dank heat could turn straw into manure.

The shadow of the lamp cord fell on Christ,
as if noosed, and swaying from a gibbet.
In the smog, men muttered in uneasy sleep.

V

"So," said the Don Giovanni Accietto,
seated with Tore, the local bravo,
on a bench, by a rumpled bed,
"Now, I am a felon caught redhanded.

For one whole year, I had no sleep or rest,
my ordeal drove me here, where I am now.
Screw this fate! But my heart keeps telling me
that someday I would lose my liberty!

Fa 'o ualantomo, tratta buono 'a gente...
Quante cchiù meglio 'a tratte e cchiù lle faie,
cchiù nn'aie cate 'e veleno e trarimente!

Riébbete, figlie, malatie: so'guaie,
ma nun pogneno... 'E ccorna so'pugnente!...
To'!... Curtellate sì, ma corna maie!...

VI

— Ma... che bulite di'?...— dicette Tore —
Io... nn'arrivo a capì... Ronna Ndriana?!...
— Leve stu ddonna, famme stu favore!
Chiammela a nomme... Schifosa, puttana!...

... Ll'aggio accisa! — 'On Giuvà! — Sì!... Pe ll'onore.
— Ndriana!... Accisa!... E... quanno?... — 'A na semmana.
Mme scurnacchiava cu nu mio signore,
e io ll'aggio accisa! Sì! Comm' na cana!...

...Siente...E pecché te scuoste?—Io?... Nun... me scosto...
— E pecché te si'fatto mpont' 'o scanno?...
— Io?... No... — Fatte cchiù ccà... — Sto ccà...
        Mm' accosto...
—Tu siente?...Siente...Mme ngannava!...'A n'anno!...
E...saie cu chi? — Cu...chi?... — Mo nn' 'o ssaie cchiù...
St'amico... nun 'o saie?... — Chi?... — Chi?... Si' tu!—

I trusted, they tittered behind my back!
I was sworn friend, and I lost all respect!
Debts, unfilial children, and illness

Strike deeply, but the horns of a cuckold
curve, and plunge deeper, the horns are sharper!
Tore! The only answer is the dagger!"

VI

"But what do you mean to say?" said Tore.
"I don't follow you. Donna Andriana?"
"Cut out that Donna, do me a favor,
call her by her true name . . . a despised whore!

"I killed her!" "Don Giuva!" "For honor's sake!"
"Andriana! Killed! — when?" "A week ago . . .
Cuckolding me with a fine fellow,
and so I killed her, yes, yes, like a dog!

Why are you moving away from me?"
"Who me? No . . . " "You sit at the end of the bench."
"I, no." "Come nearer." "I am here." "Listen,

can you hear? She betrayed me for a full year,
and do you know with whom? His name? His face?
This friend who put horns on me? It was you!"

VII

Lucette 'acciaro 'e nu curtiello. 'O scanno
s'avutaie, s'abbucaie. Tore cadette
e chill'ato 'o fuie ncuollo. — È n'anno, è n'anno
ca te ievo truvanno! — lle dicette.

— Mamma r' 'a Sanità!... Chiste che fanno!... —
strellaie nu carcerato. E se susette
mmiez''o lietto, e guardaie... Nterra, 'on Giuvanno
ncasava a «Nfamità»... Tre botte 'o dette,

tutte e tre mpietto... E s'aizàie. Pareva
nu cadavere. 'O sango ll'era sciso
p' 'a mano dint''a maneca e scurreva...

— Chiammate 'on Peppe!... Ccà ce sta n'amico
ca... mme vuleva bene!... E io ll'aggio acciso!
Mm'è ccustato na lira... 'A benerico!

VII

A dagger flashed, the bench overturned,
Tore fell, headlong on the straw strewn stone,
Don Giuva pinned him there: "One year, I searched
for you, and now we share one destiny!"

"Oh! Mother of God! What are they doing?"
A prisoner yelled, sat up in his cot.
He saw Don Giuva stab Tore three blows
through his breast; wiping the blade with straw.

He rose swaying, pale as a cadaver,
blood was dripping from his sleeve to the floor;
his bloody handprint on the Christ mural.

"Call Don Peppe! Here lies a dear friend
who at one time cared for me. I slew him,
only cost me a lira, well worth it!"

Tutte se scorda

Tutto, tutto se scorda,
tutto o se cagna o more;
e na chitarra è ammore,
ca nun tene una corda.

Ogge si' tu: dimane,
forze, n'ata sarrà:
e po' n'ata, chi sa,
si tiempe ce rummane.

Uocchie celeste o nire,
culure 'e giglio o 'e rosa,
sempe, sempe una cosa,
sempe 'e stesse suspire!

Si, suspiranno, io dico:
«Quanto mme si'custata!»
tale e quale a *quacc'ata*
tu suspire cu mmico . . .

Tutto, tutto se scorda,
tutto o se cagna o more,
e na chitarra è ammore,
ca nun tene una corda.

Ma, tremmanno, sta mano
cierte vote se scorda:
e torna 'a primma corda
a tentà, chiano chiano.

Who Will Remember?

All, all passes away, ages,
to change or die, never the same;
no serenades of then, or now,
on my stringless guitar of love.

Today, it is I you fancy,
tomorrow another. Does time permit
a waiting line for flatterers
of stale beauty, and caked allure?

Does it matter, blue eyes or black?
Lily white cheeks or rosy pink?
Sisters in guile and roguish winks,
sighs in scented breath: "I love you!"

Under your balcony I languished
for the nightly vision of you.
Where were you? Where? In whose arms?
I ripped the strings of my guitar!

All, all passes away, ages,
to change or die, never the same;
no serenades of then, or now
on my stringless guitar of love.

My hand shook on the derelict thing
resounding with my jealousy!
I reset one string, and strummed it true.
It played its own serenade!

E nu suono ca sceta
tanta cose, o addurmute,
o luntane, o fenute,
esce 'a sotto a sti ddeta...

How was I to know how mournful
the song; a drugged sleep of the past,
longings far, short ending of love,
all from a broken stringed heart!

Mbriaco

Sì, mbriaco stonco io. Ma cchiù lucente
zennià veco 'e stelle a ciento a ciento
e veco 'a luna ca mme tene mente
'a miez'a tutte sti munete 'argineto.

Ma mo pecché, pecché stu sciato 'e viento
passa e suspira? Calculatamente
mme va cuntanno 'e patimente e 'o stiento
'e tant'affritta e disperata gente . . .

Che mme ne mporta? Nun songo io pur'uno
ca campanno patesce? Io d' 'a furtuna
mia sbenturata mai parlo a nisciuno . . .

Vevo . . . pe mme scurdà . . . Ma 'o vino niro
mme s' è fatto p' 'a via. Scumpare 'a luna:
suspira 'o viento. E mo pur io suspiro . . .

The Drunkard

I am a drunkard. Unblearied, I glimpse the stars
winking, hundreds upon hundreds spangling the sky.
A moon limns my empty pockets. I never beg;
my aimless amble is showered in silver.

I am sober enough to ask why the wind sighs
calculatingly, to remind me
of the rigors of life, and the suffering —
Why me? Only enough left in my flask for one swig!

I drink to forget — the black wine thickens my thoughts.
The moon is gone, not to listen to that sad wind
sighing. I reel, stumble, and then, I sigh along.

Why should I care? Don't I share the same misery?
Must I give my last drop? I don't bewail my lot.
Why should I sympathize, each has his own bottle!

Fronna d'aruta!

Stu core mio stracquato e appecundruto
io nun me fido d' 'o purtà cchiù mpietto:
ll'aggio atterrato e manco aggio arricietto,
e porto passianno a nu tavuto.

Ah, fronn' 'e rosa mia, frunnella 'e rosa!
È muorto 'e na ventina 'e malaltie,
e ogne tanto 'o risusceta quaccosa,
cierti penziere, cierti ffantasie...

II

Comm'a nu mare ca cuieto pare
e sotto nun se sape che succede,
c'arrassusia nun ce se po' fa' fede,
pecché nganna purzì li marenare;

accussì chi me sape e chi me vede
mai putarrà stu core scanagliare,
ca, si lle parlo de lacreme amare,
certo me ride nfaccia e nun me crede.

Ncopp 'a lu mare passano, cantanno
d'ammore e gelusia, li rundinelle
quanno a n'ato paese se ne vanno.

— Addio! — strillano tutte sti vucelle,
e lu mare risponne suspiranno,
e se sente nu sbattere de scelle...

Wreaths of Rue!

I

My hearts wasted, shriveled —
I cast it from my breast!
Deep have I buried it with no ease!
I go on bearing the coffin, and it mocks me!

Oh! Sprigs of roses! Garlands!
My heart died twenty fold,
only to be resurrected against its will,
through the burial earth,
my hand thrusts to touch you!

II

Like this sea, my breast does not rise and fall,
but below it churns unpredictably
near reefs and rocks, you don't trust it;
for it never keeps faith with the sailor.

So one who plumbs me with a fathom's length
can never sound the cries of this sunken heart.
If I spoke of salt tears in a salt sea,
you will laugh in my face, amused no end.

On the deck, passengers on these high seas
are singing rondinelles of hate and love;
exiles of lovers bound for scattered shores.

Farewell! they wave, all crowding the railing,
and the sea undulates in answer,
sighs and soughs to the wing beat of sea birds.

III

Comm'a nu suonno, dint' a na nuttata
d'abbrile, quanno doce è lu durmire,
passa e ve sceta, e ll'anema ncantata
le corre appriesso cu ciento suspire;

accussì tu passaste, e la resata
toia, li prumesse de chist'uocchie nire,
mo ca la passione s'è scetata,
de vedé mo me pare e de sentire...

Si sapesse addó staie! Cammenarria
tutta la notte e tutta la iurnata,
nfi a lu mumento ca te truvarria.

Chi sa si, quanno t'avesse truvata,
comm'a tanno sta vocca redarria,
sta vocca bella, sta vocca affatata!...

III

I remember a dream that haunts me.
April, when sleep comes at eventide,
your beautiful face shimmered before me,
wafted on sighs. I opened my arms wide.

You were beckoning me gently, tempting,
passion glowed in your enchanting eyes,
my mind became a photographic plate,
so that I can view you day or night time.

If I knew where you were, I would journey
night and day, by the polestar of my love
and never rest until I recovered you.

Who can tell if once I found you again,
you would smile invitingly as in my dream?
Or will your dark eyes mislead me once more?

IV

Comm'a nu lume addó ll'uoglio, mmiscato
cu ll'acqua, lu lucigno fa schiuppare,
ca, guardanno, ve pare e nun ve pare
ca se stutasse, e po' resta appicciato;

accussì, pe la via c'aggio da fare,
a vote a vote me manco lu sciato,
me fermo, e tremmo . . . e po', tutt' affannato,
piglio curaggio e torno a cammenare.

Arrivarraggio? Da na voce affritta
io me sento risponnere: — Chi sa? —
e pe la strata, ca nun è deritta,

io puveriello stento a cammenà . . .
Che notta scura! Io già me so' sperduto . . .
Addó vaco? . . . A chi chiammo? . . . Aiuto! . . . Aiuto! . . .

IV

As in a lamp in which oil has been mixed
with water, causing the light to flicker,
glowing on and off, on, to be snuffed out,
with one last effort, the wick flames feebly.

So is my destiny! I strive ahead,
my breath fails me fast from step to step.
I must halt, unsteady, and short of breath
my boots are worn, my fever drives me on!

Have I arrived? Am I there? Who is speaking?
A pained distrait voice answers me: "Who knows?"
I peer ahead, the road winds, I see no end.

Poor wretch! I pick up my faltering pace;
damn the dark night! I am lost already!
Where are you? Save me! Help! This is no dream!

Marzo

Marzo: nu poco chiove
e n'ato ppoco stracqua:
torna a chiovere, schiove,
ride 'o sole cu ll'acqua.

Mo nu cielo celeste,
mo n'aria cupa e nera:
mo d' 'o vierno 'e tempeste,
mo n'aria 'e primmavera.

N'auciello freddigliuso
aspetta ch'esce 'o sole:
ncopp' 'o tturreno nfuso
suspireno 'e vviole . . .

Catarì! . . . Che buo'cchiù?
Ntineme, core mio!
Marzo, tu 'o ssaie, si' tu,
e st'auciello songo io.

March

March is capricious. It blusters,
then bored to hardly a rustle;
tempestuous, then coyly calm,
The sun shines through thunderheads.

Now the sky is celestial,
then a bustle of raven clouds;
here comes a chill and wintry blast,
Ah! the sweet sachet of Springtime!

A bird is soaked and bedraggled,
waiting for the sun to warm him:
while on the thawing earth below,
violets are cues for early roses.

Cathy! grant me picnic weather!
Glance at this poor bird on a bough,
have pity, for you are that March!
Yes! that bewildered bird is I!

Ammore abbasato

Vuie comm'a ll'uva 'e contratiempo site,
nu poco poco appassuliatella:
embè, ve dico a buie, si mme credite,
nun ve cagnasse cu na figliulella.

Donna Carmè! Ve prego . . . nun redite,
nun 'a pigliate troppo a pazziella:
vuie facite abbedé ca nun capite,
e a mme me passa 'o friddo sott''a pella . . .

Sentite: io mme so' fatto, una vutata,
'e ciert'antiche libbre sturiuso:
ce piglio gusto e . . . ce passo 'a nuttata.

E nun ve saccio di' comm' è senzuso
'o senzo 'e cierta carta staggiunata,
a chi d' 'a carta nova ha perzo ll'uso!

Vintage Love

You are like a vintage wine of older vineyards,
slightly over the prime of rubescent glory;
I, a connoisseur of the blonde malvasia,
would not trade you for rare virgin press.

Donna Carme! please don't look at me curiously,
I am not exaggerating your worth at all;
you feign you don't understand a word I utter,
suspicious of flattery to uncork your doubts.

Listen, I have a habit of reading in bed
storied books of smooth vellum and linen paper.
I am enchanted by the presence of the past.

I hesitate in telling you how sensuous
are those seasoned pages under my light fingers.
I have no use whatever for new editions!

Pe la via

Nu cane sperzo pe mmiezo Tuleto
(ve pararrà n'esaggerazzione)
m'ha fatto tale e tanta mpressione
ca manco nzuonno stongo cchiù cuieto.

Lu malumore e la cumpassione
me fanno sbarià quanno me sceto;
me pare tanno de vederme arreto
stu cane c'ha perduto lu patrone.

Chella sera chiveva. Arreparato
stev'isso, sotta sott' a nu barcone,
sicco, nfuso, abbeluto e appaurato.

Pecché me so'fermato a lu puntone?
Pecché a guardarlo me songo vutato?...
Vuie vedite!... Che brutta mpressione!

The Lost Dog

I saw this dog lost on the Via Toledo
(I don't dramatize; the sight depressed me).
In my fitful sleep, I saw him there still;
that sadness lingered until morning.

I rise in a bad humor of worry and woe:
why was I born? Going where? What ending?
Withal I see the cur at heel, panicked,
dodging trucks and trams, looking for his owner.

That evening it rained, the gutters ran full.
I spied him under a broken awning,
all bones, soaked, whining, fever in his eyes;

I'm wretched holding a rent umbrella.
Why? Why am I here in this weather?
Oh! Don't we both make one pitiful scene?

Minacce

— Sentite, mia signo', vuie pe dispietto
passate spisso spisso pe sta via,
e ghiusto nnanze a la puteca mia
facite 'o sentimento derimpetto!

Embè, che fa? P' ammore o gelusia
mo nun se sceta cchiù stu core mpietto...
Vuie ve spassate cu nu don pippetto?
E i' so' lu ddio de la sciampagnaria!

Ma...siente, mia signo'...Sa' che t'aviso?
Sta pazziella dura tropp'assaie;
nun passà cchiù, si vuo' fa buono...e'ntiso?

Ca po', quanno succedeno li guaie,
quanno t'avraggio fatto nu straviso,
tanno surtanto te n'addunarraie!

The Timely Threat

"Look here, young miss, you are a real bold one
to pass by everyday, strutting on high heels,
casting forlorn looks into my shop window,
such romancing airs are not welcome here.

So what harm I say? For love or envy,
this heart of mine does not now rear rashly,
at the sight of a ladies man's lady,
ask around I am very broad minded.

Come closer, Miss. I have advice for you,
this affair of yours and his is ending,
so be a good child! Don't pass by again.

You understand? If something bad should happen
for example: a slash across your face,
there will be no warning from the razor!"

Carmela

I

Carmela s'ha spusato a nu signore,
porta cappiello e veste commifò,
cumanna a cammareta e a servitore,
e s' è mparata a di' pure: *Oibò!*

Essa se scorda de lu primm' ammore,
ma stu core scurdà nun se ne pò;
stu tradimento accresce lu dulore,
cchiù ce penzo e sbaréo quanto cchiù sto!

Ma da me primma Carmela ha sentuto
lu primmo trascurzetto nzuccarato:
primm' a me, primm' a me mpietto ha strignuto!

Ll' avria sapé chisto ca s'ha spusato
tutto lu bbene ch'essa mm'ha vuluto,
tutte li vase ca nce simmo dato! . . .

II

Aiére, dint' a na carrozza, stesa,
passaie, guardanno. Io steva 'n trammuè;
me voto, la cunosco . . . E la surpresa
fuie tal 'e tanta, ca strellaie: — Carmè! . . . —

Cu na manella, ca teneva appesa
a lu spurtiello, salutaie. Pecché,
certo, mm'aveva visto; ma la mpesa
nun se vutaie pe nun se fa' vedé.

Carmela

I

Carmela ups and weds a rich man.
She wears a hat now, dresses *à la mode;*
pampered by maids and retinue on call,
exclamations are lady-like: "Oh! Dear!"

Easy to blot the poor purse of first love
among jewels, never this heart of mine!
Her betrayal embitters my loss. I rave,
and damn her; my hurt only runs deeper.

Hollow is that smugness that from me,
she heard the first confettied words of love,
of those dreams, she volunteered to me.

Youths, we met in gardens fresh as our breath,
we traded roses; hers, pure white, mine red,
of all these joys, money bags can know nothing!

II

Regal in a fine carriage, I saw her
taking in the sights. I was on the tram,
my head spun, my surprise was such I yelled
in a loud outburst, *"Carmela mia!"*

Her fan seemed to tip in recognition
then, she stared ahead, feigning nonchalance
as God is my witness she saw me, how cruel!
Dismiss me, but don't ignore me Carme!

Ma vedett'io! La gente, arreto a me,
pe lu strillo ca i'dette, mme guardava;
uno dicette: — Fosse pazzo, neh? —

Mpietto lu core comme me zumpava!
No! no! . . . Nun me putevo trattené! . . .
Era Carmela mia! . . . Mme salutava! . . .

III

Che piacere! Tutte hanno da sentì
ca ll'atriere a sti bracce essa è turnata.
Ah! che priezza! Che ve pozzo di'?
Nun era overo, nun era spusata!

— Giuralo! — ll'aggio ditto. Ha ditto: "Sì!
Sì, t' 'o giuro! So' stata sfurtunata;
e mo d'averte lassato accussì
la guista penitenzia aggio scuntata! . . .

— E me vuo' bene ancora? — Essa chiagneva . . .
Cu li llacreme a ll'uocchie, ha ditto: — Siente,
comme . . . de te . . . scurdare io mme puteva?

— Overo me vuo' bene? overamente? —
Essa chiagneva e nun me rispunneva . . .
— Embè! . . . chello ch' è stato . . . è stato niente! . . .

The passengers on the tram were shaken
by my cry, they thought I went bonkers;
I heard one say: "Poor thing, he needs help!"

I felt a calming hand on my shoulder,
No; let me be! Stop the tram! Pull the cord!
You all saw her, Carme mia! she greeted me!

III

What happiness! The whole world must know!
Yesterday, Carme, returned to my arms,
Ah! More joy! How can I describe it!
It wasn't true, she did not marry him!

"Swear," I was firm. "I lived with him.
I did not love him, I was poor too long,
Oh! to think I left you for frills and things!
My penance is the pain of our parting."

"Can you still love me?" She began to cry,
her blonde tresses wet with tears.
"Who can forget our teen trysts, I love you!"

"You mean it, you truly love me?"
She fell to her knees, sobbing, kissing my hands,
"I forgive you, what happened was nothing."

Afterword

Salvatore Di Giacomo was born in Naples, March 12, 1860. Early in his career, he was acclaimed the consummate interpreter of Neapolitan life. Today, he is an acknowledged Italian classic among the great writers of Italy.

His father was a doctor and his mother a music teacher at a conservatory. He was the first of three children, a brother and a sister. In 1878, at the urging of his father, he enrolled as a medical student at the University of Naples. After two years of study, he left to begin an illustrious career in journalism at the *Corriere del mattino* of Naples. His first poem in dialect to be published was *Nannina.* He was also engaged in writing lyrics for the song festival of Piedigrotta. In 1884, his father died during the cholera epidemic of that summer and Salvatore suddenly found himself to be the sole supporter of the family.

As an editorial crusader for the Risanimento of Naples, a slum clearance program, he inveighed against the government of Naples for its corruption, venality and heartlessness, its abandonment of a beautiful city and people. He supported initiatives for the better sanitation and housing. Politics is a lie served by scribblers; he is a writer.

Encouraged by Giovanni Verga, Antonio Fogazzaro and Roberto Bracco, Di Giacomo, a dialect poet, soon became a national figure in Italian literature. Along with Benedetto Croce, he was a founder of the review, *Napoli Nobilissima,* and esteemed as an essayist. Through half a century of journalism in numerous newspapers, pamphlets and magazines, and under many pen names, he portrayed the joy and suffering of the city; he produced verses of incomparable, perfumed delicacy, yet reminding the Neapolitans of the stench and the anatomy of the slums in a series of sonnets titled *O Funneco verde.*

Di Giacomo's social life was limited to meeting painters: Eduardo Dalbono, Vincenzo Migliaro, Vincenzo Caprile. His literary friends, Matilde Serao, Ferdinando Russo and Robert Bracco, all gathered at the many taverns and cafes of Naples. Over a period of thirty years, Di Giacomo produced in rapid succession a collection of short stories, *Mattinate Napoletane;* the sonnet sequence based on a trip to the slums of Naples entitled, *O Funneco verde;* two long narrative poems, *O Munasterio* and *Lassamo fa Dio,* sonnet sequences, *Zi Munacella, A San Francesco,* and editions of poems entitled *Sunette antiche, Voce luntane, Canzone, Ariette e Sunette, Vierze nuove* and *Ariette e canzone nove.*

In prolific haste, Di Giacomo wrote lyrics and books for musical reviews and sketches and full length dramas, notably lyric love poems set to music: *Angeleca, Palomma è notte, O Munasterio, Catari, E Cerase, Era di maggio, Marechiare, Serenata napulitana, Pianoforte e notte, Nanni (Napulitanita), Ll'Ortenzie, Luna nova, Spingole Francese, Lariula, Sirena.*

Di Giacomo adapted the stately sonnet and metered song to depict Neapolitans in love in hundreds of episodes of idyllic imagery, dramatic action and dialogue. All the derangements of love are here: derelictions, love rhapsodic, love repining, love cuckolded, love spiteful, love scorned, revenged, regretted — enamoured lives. Oddly, Di Giacomo found an elegiac strain in the day-to-day speech of the populace, in the street cries of vendors, the argot of *cammoristi,* slang of coachmen, coarse come-ons of whores, wheedling of beggars, prattle of hairdressers, brag of sailors, numerary divinations of lottery players, hissed threats of usurers, hushed tentative vows of novices, cloistered curses of lovecrossed monks — passing by orphanages, hospitals and prisons he heard the wretched wails for pardon and mercy. Back at his writing table at the Cafe Gambrinus, he orchestrated a motley word of mouth into figurations of song, sonnet and drama.

As the leading dramatist of Naples, he wrote the history of the San Carlino Theatre. In 1889, his drama *Mala vita* was adapted as a libretto for an opera set to music by Umberto Giordano. His finest drama, *Assunta spina,* won popular acclaim in 1909. It was filmed twice, more recently starring Eduardo De Filippo and Anna Magnani.

Weary of theatre and journalism, Di Giacomo accepted an appointment as Librarian at the Conservatory San Pietro Maiella in Naples. Later, he became assistant librarian at the library of the University of Naples. He was nominated an Honorary Senator of Italy. In 1916, he married Elisa Avigliano, after eleven years of courtship. He suffered ill health but continued to write until his death in Naples, April 4, 1934.

The humanism of Salvatore Di Giacomo has not dated. The lyrics of this supreme dialect poet are sung every day, every hour, somewhere.